Salvador Martines Soler

Pastor, quem é esse?!

Salvador Martines Soler

Pastor, quem é esse?!

CREDO EDICIONES

Imprint

Cover image: www.ingimage.com

Publisher:
CREDO EDICIONES
ist ein Imprint der / is a trademark of
International Book Market Service Ltd., member of OmniScriptum Publishing Group
17 Meldrum Street, Beau Bassin 71504, Mauritius

Printed at: see last page
ISBN: 978-613-1-90757-9

SALVADOR SOLER,

Bacharel em Ciências Teológicas e Filosóficas, pós-graduado em Estudos Brasileiros pela Universidade Mackenzie, Mestre e Doutor em Teologia e Divindade pela Faculdade Teológica Filadélfia Internacional – Recife. Cursos convalidados pelo The International Theological Seminary e pela École Superier de Études Theologiques de Genebra, na Suíça. Membro da Ordem dos Pastores Batistas do Brasil desde 1972 e da Ordem dos Teólogos Evangélicos da America Latina. Atuante na denominação batista, foi presidente de Associação, vice-presidente da Junta de Educação da Convenção Batista do Estado de São Paulo, vice-presidente da Ordem dos Pastores Batistas do Brasil

Biografia

O autor, Salvador Martines Soler, é casado com a Profª Lydia Korps M. Soler e pai de dois filhos: Dra. Andréa Korpsa Calderón, casada com o Engº. Oscar Antonio Calderón Prager, e Hebert Korps M. Soler, Bel. em Ciências Jurídicas, casado com a Bel. em Ciências Teológicas Eunice Santos Nunes M. Soler, que lhe deram dois netos, Matheus e Samuel.

Bel. em Ciências Teológicas, Filosofia, Pós-graduado em Estudos Brasileiros pela Universidade Mackenzie, mestre e doutor em Teologia e Divindade pela Faculdade Teológica Filadélfia Internacional – Recife. Cursos convalidados pelo The International Seminary e pela École Superier de Études Theologiques de Genebra, na Suíça. Membro da Ordem dos Pastores Batistas do Brasil e da Ordem dos Teólogos Evangélicos da América Latina.

Pastor desde 1972, membro da Ordem dos Pastores Batistas do Brasil, secção São Paulo. Atuante na denominação batista, foi presidente da Associação, vice-presidente da Junta de Educação da Convenção Batista do Estado de São Paulo, vice-presidente da Ordem dos Pastores Batistas do Brasil – São Paulo, vice-presidente da Convenção Batista, do Estado de São Paulo, membro da Comissão de Ética da Ordem dos Pastores Batistas do Brasil – São Paulo, membro da Junta Patrimonial da Convenção Batista Brasileira, conselheiro da JUBESP (Juventude Batista do Estado de São Paulo), e mentor de candidatos ao ministério pastoral.

Recebeu diversos títulos, honoríficos; entre outros, o de "Cidadão Honorário" da cidade de Alto Alegre, cidade de São Paulo; "Cidadão Palístemo" da cidade de São Paulo, estado de São Paulo; "Pastor Emérito" da Igreja Batista de Vila Diva – São Paulo – estado de São Paulo, e título "Honorís Causa" em Pragmática Pastoral.

Escritor dos livros "Ato Consagratório Pastoral", "Sermões para Estudo", "Doutrina do Espírito Santo", e outros.

Conferencista e Professor em diversos Seminários e Faculdades Teológicas no Brasil e no exterior.

APRESENTAÇÃO

No ensejo da ordenação de alguns Ministros da Palavra, Stephen Neill afirmou: "Inclino-me a pensar que a ambição, no sentido ordinário do termo, é quase sempre pecaminosa nos homens comuns. Tenho certeza de que no Cristianismo é sempre pecaminosa e o caso mais inescusável de todos é encontrá-la em um ministro ordenado".

Há um sentido, no entanto, em que a ambição é não somente justificada, mas até louvável.

Quando uma ambição tem como centro a glória de Deus e o bem-estar de sua igreja.

A Bíblia diz: "Se alguém deseja ser bispo, deseja uma nobre função." (I Tim. 3:1).

Uma filosofia correta do Ministério de Palavra é indispensável para que o vocacionado discirna e persiga a ambição de ser uma benção nas mãos de Deus para a Igreja. Há inúmeras necessidades no exercício do ministério da Palavra. Porém o que é realmente prioritário? Urgente? Indispensável? Essencial? Intransferível?

Sem essa noção a nortear seu rumo, o Pastor se perderá num torvelinho de compromissos e atividades. Urge refletir, seriamente, sobre o exercício de um ministério de verdade, com ênfase onde deve ela realmente estar, consoante do ensino escrituristico.

Esta é a razão pela qual um novo texto, uma nova abordagem sobre o tema é sempre bem-vinda no campo formoso da Poimênica. Alguns textos sobre o ministério Pastoral Focalizam as bases da fé cristã nesta doutrina, outros o aproximam do ponto de vista devocional, todavia, este trabalho da palavra do irmão Salvador Soler tem a virtude de abarcar os dois aspectos e harmonizá-los num texto ao mesmo tempo denso e suave.

O autor toma essa grande doutrina evangélica e a interpreta em termo que a nossa geração possa entender, além de aplicá-la às necessidades dos ministros em nossos turbulentos dias.

É o tipo de texto que qualquer cristão pensante terá o prazer em estudar. E, ___ o fazendo, desejará ler outra vez e mais outra, ciente de seu inestimável valor prático e devocional.

Pr. Dr. Haroldo Rosendo Rico

APRECIAÇÃO

Dou graças, primeiramente a Deus, e depois ao irmão Salvador Soler, pelo privilégio que me outorgou de dar uma palavra a respeito da obra "Pastor, Quem é Este?!" de autoria desse estimado colega e fino ornamento do Ministério Pastoral em nossos dias na terra do Cruzeiro do Sul.

Esta obra do irmão Salvador Soler chega a nós num momento extremamente oportuno e vem com todas as características necessárias ao pleno alcance de seus objetivos, pois está lastreada sobre a autoridade da palavra de Deus, a simplicidade, a clareza, a profundidade, a experiência de quem tem se deparado dia-a-dia com os problemas espirituais de um munto carente e os principios da didática eficaz.

Parabéns, Soler! Parabéns, leitores de "Pastor, Quem é Este?!".

A benção, que foi minha, será de todos os que compulsarem esta obra. Assim Seja!

Pr. Nelson Nunes de Lima

Mais uma vez Pastor Salvador Soler, com seu agudo senso de observação, presta um grande serviço ao ministério evangélico ao publicar suas ideias sobre "Pastor, Quem é Este?!".

Pr. Dr. Plínio M. Da Silva

AGRADECIMENTOS

Este livro foi escrito com o auxílio de diversos irmãos e colegas de ministério: captando suas experiências, as mesmas se tornaram grande ajuda, sem as quais esta obra não poderia ter sido realizada

À minha família,
Andréa, Oscar, Hebert, Eunice, Matheus, Samuel, destaque à minha querida esposa Lydia: pelo seu amor, caráter, compreensão, perdão, paciência, sabedoria, qualidades, que nela brilham mais que ouro polido.

A todos os colaboradores, meu pleito de gratidão e profundo reconhecimento em Cisto Jesus a quem dedico este modesto trabalho.

Singela homenagem do autor.

PREFÁCIO

Espero ajudar um pouco aqueles que se aproximarem destas páginas.

No desenvolvimento deste assunto o leitor descobrirá sem o auxílio de ninguém, que o autor teve em mira despertar a consciência cristã sobre este importante assunto "Ministério Pastoral", apesar de ser um modesto trabalho, desativado de artifícios.

Este relato franco do autor, como que num corte em profundidade, avaliar as crises pelas quais passa o ministério pastoral; possa o mesmo servir como auxilio, dissipando dúvidas com argumentos da experiência de um longo ministério.

Paulo, inspirado pelo Espírito Santo, definiu o seu conceito de como o pastor deve ser, e qual seu comportamento permanente, ao dizer à Timóteo: *"Procure apresentar-se a Deus aprovado como obreiro que não tem do que se envergonhar e que maneja corretamente a palavra da verdade"*
(2 Tim. 2-15).

Apresentar-se aprovado diante de Deus é um desafio permanente. Não é uma posse, é uma busca de vida; por isso dizemos: "Pastor, Quem é Este?!"

"Eu lhes darei pastores conforme a minha vontade, que dirigirão com sabedoria e entendimento". (Jr.3:15).

"Cuidem de vocês mesmos e de todo o rebanho sore o qual o Espírito Santo os colocou como bispos, para pastorearem a igreja de Deus, que ele comprou com o seu próprio sangue". (At.20:28)

Nada mais permicioso ao ministro de Deus do que estas três coisas:

1) Que se envaideça de si próprio;
2) Que supervalorize o seu saber;
3) Que se esqueça de que é um vaso de barro nas mãos do Senhor seu Deus.

Contribua esta obra para estimular muitas pessoas a estudarem o assunto de um modo mais profundo, a fim de que o nome de Deus seja glorificado através de "Pastor, Quem é Este?!"

INTRODUÇÃO

Tomemos como exemplo as palavras do Apóstolo Paulo ao escrever ao seu filho na fé, Timóteo: *"Conjuro-te diante de Deus e de Cristo Jesus, que há de julgar os vivos e os mortos, pela sua vinda e pelo seu reino; prega a palavra, insta a tempo e fora de tempo, admoesta, repreende, exorta, com toda longanimidade e ensino. Porque virá tempo em que não suportarão a sã doutrina; mas, tendo grande desejo de ouvir coisas agradáveis, ajuntarão para si mestres segundo os seus próprios desejos, e não só desviarão os ouvidos da verdade, mas se voltarão às fábulas. Tu, porém, sê sóbrio em tudo, sofre as aflições , faze a obra de um evangelista, cumpre o teu ministério" (2 Tim. 4. 1-5).*

Sabemos que não é fácil satisfazer ao que se espera de nós pastores, pois de um modo geral a membresia espera que tenhamos:

1) A força de uma águia;
2) A graça de um cisne;
3) A gentileza de uma pomba;
4) A familiaridade de um pardal;
5) A vigilância de uma coruja.

Porém, quando conseguem apanhar esse "pássaro fabuloso", desejam que vivamos com a comidinha de um canário.

Mas, adentrando ao nosso assunto: "Pastor , Quem é Este ?!" precisamos saber que: *"sobre ninguém imponhas precipitadamente as mãos" (I Tim. 5:22).*

Não será verdade que muitas vezes, por uns tantos sinais equívocos se derrama o "óleo da unção" na cabeça daquele que não foi escolhido por Deus?

Duas coisas devem preceder à imposição das mãos:

1) É mister que haja uma absoluta certeza da divina chamada;
2) É necessário que haja uma divina preparação para o exercício dessa chamada. Essa preparação variará segundo a pessoa e os propósitos com que Deus a tenha chamado; mas seja como for, é indispensável esta preparação. A propósito, o apóstolo Paulo, chamado desde o ventre para o ministério e doutor dos gentios, não pôde entrar no exercício de sua vocação senão depois de três anos de recolhimento e preparo espiritual nos termos da Arábia.

A divina chamada é interior; mas assim como se distingue o lobo vestido de ovelha distingue-se também o verdadeiro chamado daquele que não o foi, através das suas obras.

Não se colhem uvas de espinheiros , nem figos dos abrolhos. Há um fruto característico, naquele que é interiormente chamado por Deus para o Ministério do Santuário Evangélico. Ele há de se revelar acedo ou tarde, porque as labaredas do Altíssimo ardem em seu peito, como disse o profeta Jeremias: *"Se em disser, não farei menção dele, nem farei mais em seu nome, há no meu coração um como fogo ardente encerrado nos meus ossos, e estou cansado de sofrer e não me posso conter" (Jer. 20.9).*

"Vivemos um momento histórico muito especial".

Em certo sentido, a frase mencionada é bem usada.

Como ousa o profeta preletor classificar de "especial momento" ao que ele próprio esta vivendo?

Como pode ter perspectiva para julgar acontecimentos dos quais ele próprio participa e, portanto, que não podem se encarados como completos, terminados com suas consequências conhecidas? Por outro lado, a frase pode parecer até mesmo tola: na providência de Deus não são todos os momentos históricos importantes. Não pode cada geração dizer o esmo a respeito de seu próprio tempo?

Sim, é verdade, de acordo com a História sabemos que o povo de Israel passou por momentos críticos e Deus mostrou aos seus homens como discerní-los. Aliás, não foi outra a missão dos profetas de Israel.

Deus agiu na História, age também nos dias atuais, suscitando homens como Moisés, Josué, Elias, Paulo (todos estes foram homens de Deus), para declarar aos contemporâneos o sentido daquilo que o Senhor está fazendo através de sua palavra.

Resta-nos tomar ciência de que vivemos um momento histórico especial; Deus está à procura de pastores que vivam o dia de hoje sem fugir daquilo que professaram no dia da sua consagração.

O trabalho pastoral é mais valioso do que qualquer outro, realizado na terra. Numa reunião de empresários em Boston, o Dr.Felipe Brooks disse: "Sinto muita pena de vocês todos que me ouvem, porque ainda não sois pastores"

Se alguem critica a função pastoral é porque ainda não está capacitado para entende-la mas nós a entendemos de todo o coração, fazendo coro com o Apóstolo Paulo; *"...co-participantes da promessa em Cristo Jesus por meio do Evangelho, do qual fui constituido ministro, conforme o dom da graça de Deus, a mim concedida, segundo a força operante do seu poder..." (Ef. 3: 6-7).*

Nada e ninguém poderá tomar o lugar do pastor; a Imprensa, a Escola, a Ciência, com todo o seu avanço, nem todos os combinados, poderão tomar o lugar do pastor, que é pregador do Santo Evangelho.

Estas palavras são do próprio Apóstolo Paulo: "*...aprouve a Deus salvar aos que crêem; pela loucura da pregação..." (I Co. 1:21).*

A História registra que o maior avanço do cristianismo foi quando os pastores tiveram coragem de "...pregar a Cristo crucificado, escândalo para os judeus, loucura para os gentios..." (1Co 1:25).

O Pastor deve ser um homem sincero e generoso, para que tanto o seu rebanho quanto a comunidade possam confiar nele, seja qual for a situação que ele enfrenta.

"Cuidem de vocês mesmos e de todo o rebanho sobre o qual o Espirito Santo os colocou como bispos, para pastorearem a igreja de Deus, que ele comprou com o seu próprio sangue. Sei que, depois de minha partida, lobos ferozes penetrarão no meio de vocês e não pouparão o rebanho. E dentre vocês mesmos se levantarão homens que torcerão a verdade, a fim de atrair discípulos. Por isso, vigiem! Lembrem-se de que durante três anos jamais cessei de advertir cada um de vocês disso noite e dia, com lágrimas. Agora, eu os entrego a Deus e à palavra da sua graça, que pode edificá-los e dar-lhe herança entre todos os que são santificados. Não cobicei a prata nem o ouro nem as roupas de ninguém. Vocês mesmos sabem que estas minhas mãos supriram minhas necessidades e as de meus companheiros. Eu tudo o que fiz, mostrei-lhes que mediante trabalho árduo devemos ajudar os fracos, lembrando as palavras do próprio Senhor Jesus, que disse: Há maior felicidade em dar do que em receber. Tendo dito isso, ajoelhou-se com todos eles e orou. Todos choraram muito e, abraçando-o o beijavam. O que mais os entristeceu foi a declaração de que nunca mais veriam a sua face. Então o acompanharam até o navio". (At.20 28-38)

Quero convidar-vos para juntarem-se a nós a uma viagem maravilhosa, que provocará uma mudança, resultando em amadurecimento do nosso ser, conforme os conselhos do Apóstolo Paulo em *Efésios 4: 11-16.*

"E ele mesmo concedeu uns para apóstolos, outros para profetas, outros para evangelistas e outros para pastores e mestres; com vistas ao aperfeiçoamento dos santos para o desempenho do seu serviço, para edificação do corpo de Cristo, até que todos cheguemos à unidade da fé e do pleno conhecimento do Filho de Deus, à perfeita varonilidade, à medida da estatura da plenitude de Cristo; para que não mais sejamos como meninos, agitados de um lado para o outro e levados ao redor por todo vento de doutrina, pela artimanha dos homens, pela astúcia com que induzem ao erro. Mas, seguindo a verdade em amor, cresçamos em tudo naquele que é a cabeça, Cristo, de quem todo o corpo, bem ajustado e consolidado pelo auxílio de toda junta, segundo a justa cooperação de cada parte, efetua o seu próprio aumento para a edificação de si mesmo em amor".

Conselho de um Pastor ancião

I - Cumpre bem o teu ministério. O teu, não o de outro qualquer (1 Tim. 4.5).

II - Crescimento intelectual e prático:

a) Estude quanto puder;

b) Leia regularmente os periódicos evangélicos

c) Dedique-se a leitura da Bíblia e outros livros.

III – O Dia-a-dia:

a) Nunca fale mal de uma Igreja;

b) Evite formar "panelinhas" com os membros da igreja;

c) Não tenha favoritos;

d) Trate a todos igualmente;

e) Nunca tente impor a sua vontade, não diga mamais: "ou ele ou eu", "aprovam isto ou eu me demito", "ou fazem isto ou eu vou-me embora", ou "me dão aumento de salário ou eu vou embora".

f) Prestigie os diáconos e diretoria e procure manter um relacionamento amistoso com todos mesmo com os que lhe fazem oposição.

g) Nunca se rebaixe a discutir com ninguém.

h) Perdoe sempre e incondicionalmente.

IV - Finalizando o ministério numa igreja:

a) Não peça demissão em momentos de perturbação emocional;

b) Caso sinta que está na hora de sair, só o faça, estando acerto de que Deus aprove a sua decisão;

c) Não peça demissão se ainda não tiver o que fazer ou para onde ir.

V – Se achar viável, faça anualmente uma consulta à igreja sobre sua permanência no pastorado.

Informação do Pastor Tiago Nunes de Lima (in memoriam), que disse: "Deus lhes conceda um ministério profícuo e feliz.

CAPÍTULO I

O Pastor com a mente equipada

Os gregos tinham três grandes palavras que descreviam importantes qualidades da mente; o homem que possuisse estas três qualidades, era considerado com a mente equipada.

Os escritores do Novo Testamento adotaram estas rês palavras, porque tinham a certeza de que as qualidades que descreveram , acham-se em Jesus e somente NELE; aconselham-nos a imitá-lo.

Extraída do vocabulário grego, a primeira delas é a palavra "SOPHIA". Geralmente é traduzida por sabedoria, mas esta, é a sabedoria das coisas últeriores. Os escritores gregos tinham grandes definições para "sophia". A definição mais comum é que "sophia" é o conhecimento das coisas tanto humanas quanto as divinas e das suas causas.

Para os gregos, "sophia" (sabedoria, bondade, nobreza) é o conjunto destas outras palavras e devem andar juntas; nenhuma delas pode existir sem as demais.

Também do vocabulário grego, a segunda palavra é "PHRONESIS" que usualmente é traduzida por prudência. A diferença básica entre "shopia e phronesis" é que "shopia" é teoria e "Pahronesis" é prática. "Shopia" tem a ver com a mente e o pensamento do homem, "Phronesis" (prudencia)tem a ver o sua vida, conduta e ação.

A terceira grande palavra grega a respeito da mente é "SUNESIS". Literalmente esta palavra significa unir; uma união, uma reunião.

Seria verdade dizer que "Sunesis" é a faculdade de tirar, chegar a conclusões.

A essência de "Sunesis" é a de poder, entre vários modos de ação, entre vários relacionamentos entre pessoas, distinguir, avaliar, criticar, fazer julgamento para unir os elementos na ordem coerente e necessária.

Devemos ter a mente equipada com as três palavras gregas para poder imitar a Jesus, no comportamento diário.

Estas facetas devem ser observadas e seguidas pelo pastor, no seu comportamento diário.

1) "SOPHIA"
A sabedoria para compreender as coisas ulteriores e as infinitas.

2) "PHRONESIS"
A prudencia para tratar dos problemas práticos da vivência diária.

3) "SUNESIS"
Que trata da união, para que o pastor saiba decidir o modo certo da ação, no intuito de unir sempre o povo de Deus.

Com a sabedoria "sophia", poemos ver as verdades ulteriores de Deus, em Jesus Cristo e no poder do Espírito Santo.

Com a sabedoria prática da palavra "Phronesis", teremos a prudência para empregarmos o que deve ser feito em determinada situação no dia-a-dia da nossa vida de adoração. Também, com a leitura da Bíblia, meditação, oração e testemunho.

A sabedoria provinda de "Sunesis" (união), é a sabedoria do discernimento, crítica construtiva que aquilata e avalia toda ação que se manifeste. Com esta sabedoria, teremos a capacidade de unir e promover a paz entre o povo, principalmente entre o povo de Deus.

CAPITULO II

O PASTOR NORTEADO PELOS PRINCÍPIOS BÍBLICOS.

1 – A Bíblia como única regra de fé e de prática.

Não julgamos que a mudança de uma prática do Novo Testamento para atender às necessidades naturais ou para facilitar a aceitação de qualquer pensamento, seja compatível com o espírito cristão.

Métodos podem ser aplicados e adaptados, mas as doutrinas não mudam.

Cremos nos ensinos do Novo Testamento e não devemos alterá-los ou reajustá-los; para nós estão completos e são perfeitos esses ensinamentos.

Praticamos o que a Bíblia nos mostra e não devemos ter interesse nas novas orientações que o mundo apresenta.

As escrituras são a única regra de fé e prática para todos.

2 – A Bíblia mostra que o batismo é o símbolo da morte do crente para o mundo e da vida nova para Cristo.

"Que diremos pois? Permaneceremos no pecado, para que abunde a graça? De modo nenhum. Nós que já morremos para o pecado, como viveremos ainda nele? Ou, porventura, ignorais que todos quantos formos batizados em Cristo Jesus fomos batizados na sua morte? Fomos, pois, sepultados com ele pelo batismo na morte, para que, como Cristo foi ressuscitado dentre os mortos pela glória do Pai, assim andemos nós também em novidade de vida" (Rom. 6: 1-4).

"Tendo sido sepultados com ele no batismo, no qual também fostes ressuscitados pela fé no poder de Deus que o ressuscitou dentre os mortos" (Cl. 2:12).

O Batismo é aplicado aos que crêem.

"E indo eles caminhando, chegaram a um lugar onde havia água, e disse o eunuco. Eis aqui água; que impede que eu seja batizado?[E disse Filipe: é lícito, se viés de todo o coração. E, respondendo ele disse: Creio que Jesus Cristo é o Filho de Deus]. Mandou parar o carro, desceram ambos à água, tanto Filipe como o eunuco, e Filipe o batizou". (At. 8. 36-38).

A salvação é pela fé em Jesus; conclui-se que o batismo não salva, mas da testemunho desta fé.

Não devem ser batizados crianças que não podem ainda crer.

"Porque pela graça sois salvos, por meio da fé, e isto não vem de vós, é dom de Deus".(Ef. 2.8)

Portanto, a Igreja deve ser composta de crentes que já testemunharam da sua fé e submeteram-se à ordenança do batismo.

3 – Sacerdócio de cada crente.

Com isso queremos dizer que não há necessidade de um sacerdote especial para chegar-se à presença de Deus. O crente tem livre acesso a Ele, que é Deus, nosso Pai, mediante o único sumo-sacerdote, Jesus Cristo.

4 – Congregação local ou autônoma.

Tendo o Novo Testamento, observamos que não há alusão a uma igreja nacional ou mesmo mundial, no sentido aceito pelos Católicos romanos. As igrejas são locais, e quando se fala em uma igreja no sentido geral, alude-se a todos os remidos, em todos os tempos e lugares.

Autonomia:

Autonomia é a faculdade de se governar por si mesmo; direito ou faculdade de se reger por leis próprias; liberdade ou independência moral ou intelectual; propriedade de escolher as leis que regem a sua conduta.

Soberania

Soberania é a autonomia moral tida como suprema, poder supremo, propriedade que tem um Estado (nação) de ser uma ordem suprema que não deve a sua validade a nenhuma ordem superior. A conclusão inevitável é que não se pode aplicar o termo soberania a uma igreja local, como tal, e sim o termo autonomia.

À guisa do exemplo destacamos o fato de que numa federação, somente a nação é soberana, os estados que a compõem são autônomos, e isto implica em ter dependência, sem o que não há a unidade nacional. No caso das igrejas, não havendo interdependência, não haverá unidade nacional.

Não podemos esquecer-nos do fator importante na praxe de nossas igrejas. Temos que ponderar devidamente a realidade que aquilo que uma igreja faz, reflete de maneira direta sobre todas as demais igrejas.

Logo, autonomia pressupõe consciência e responsabilidade.

Uma igreja não tem poderes sobre a outra, como os Concílios, Sínodos, Convenções ou Juntas não podem determinar o que as igrejas vão fazer.

As Convenções e Juntas recomendam, aconselham, orientam, mas não deliberam sobre as atividades das igrejas. Apesar desta independência de cada congregação, as igrejas se unem pelos mesmos propósitos e mantém a cooperação, para que o trabalho seja feito com a força necessária.

Tudo isto é feito baseado n Novo Testamento, com a orientação e planificação de trabalho, unidos na obra missionária, evangelística, educativa, beneficiente, doutrinária e outras.

5 – Liberdade religiosa

Baseando-nos na leitura do Novo Testamento; notamos que a luta pela liberdade religiosa ocorreu através dos séculos. Aliás tornou-se característica da Constituição Americana, o item sobre a liberdade religiosa.

Realmente cremos que lendo a Bíblia nós temos a oportunidade de nos orientar-nos religiosamente; ninguém deve ser obrigado a servir a Deus.

6 – Separação entre Igreja e Estado

A História tema comprovado, que a união entre Igreja e Estado só trouxe prejuízos ao cristianismo; também, ao Estado. Notamos isto tanto na Igreja Romana, quanto nas reformadas do seculo XVI.

Governantes civis não devem atuar em assunto religioso, assim como líderes eclesiásticos não devem agir no governo civil em nome da igreja.

A César deve ser dado *"o que é de César"* e a Deus *"o que é de Deus"*.

Nesta separação entre o secular e o Religioso, cremos que o Estado não tem o direito de interferir nas práticas e crenças religiosas do indivíduo e congregações, assim como também as igrejas não tem o direito de serem sustentadas pelo Estado.

Todos estes princípios são básicos para todos e dela não devemos nos afastar, pois os consideramos indispensáveis à prática do verdadeiro cristianismo.

Sejamos pastores mantendo os nossos princípios na Ceia do Senhor (não Santa Ceia) como memorial. Não a Ceia Ecumênica livre, do "participa quem quiser e do jeito que estiver". Também não aderindo ao culto emocional do barulho, ao culto do corpo – culto sensual; mas: *"faça-se de tudo com decência e ordem" (I Co. 14:40).*

CAPITULO III

CRISES QUE O PASTOR ENFRENTA

O nosso tempo é um tempo de crises;

1 – **Espiritual**

Os homens se afastam cada vez mais de Deus, vivendo na incredulidade e no materialismo como os contemporâneos de Noé, que se recusavam a atender os apelos do Pregoeiro da justiça. Viviam a filosofia do prazer, consubstanciada nas expressões: "comamos e bebamos porque amanhã morreremos"

Daí, as palavras de Jesus lembrando o triste exemplo do passado, dizendo que muitas pessoas assim viveriam à época bem próxima ao seu retorno a este mundo para arrebatar os salvos (fiéis): *"pois como foi nos dias de Noé, assim será também a vinda do Filho do Homem. Porquanto, assim como nos dias anteriores ao dilúvio, comiam, bebiam, casavam e davam-se em casamento, até o dia em que noé entrou na arca e não o perceberam, até que veio o dilúvio e os levou a todos; assim será também a vinda do Filho do Homem". (Mt. 24. 37-39).*

Não resta dúvida de que estamos vivendo esses dias com a inequívoca aproximação da volta do Senhor Jesus; os homens estão vivendo no mais completo materialismo! A inversão de valores é uma triste realidade. A incredulidade campeia por toda a parte.

O resultado disso tudo é um vazio nos corações. Há falta de paz e segurança quanto aos destino da alma, sendo que muitos se desesperam precipitando-se na perdição eterna através do suicídio.

2 – **Doutrinária**

Assistimos a um quadro dantesco com milhares de pessoas vivendo na incredulidade, no materialismo e no consequente vazio espiritual; vemos a proliferação das falsas crenças, das seitas com ensinos contrários ao verdadeiro evangelho, espalhando-se por toda a parte. Tudo isso numa tentativa de solucionar o problema de alma, porém através de caminhos errados.

Jesus disse : *"Eu sou o caminho, a verdade e a vida"... (João 14.6)*

3 – **Moral**

O mundo moderno transformou-se numa grande "Sodoma e Gomorra", com grande avalanche de se alastrando através do mundo inteiro. Exibidos pela mídia escrita, falada, televisionada, observamos a perversão de costumes, permissividade e o homossexualismo crescente e ostensivo. Também presenciamos atitudes pecaminosas em lugares públicos, comportamentos abomináveis.

Contudo isto, cumprem-se as palavras ditas pelo Apóstolo Paulo: "*Por isso Deus os entregou, nas concupiscências de seus corações, à imundícia, para serem os seus corpos desonrados entre si; pois trocaram a verdade de Deus pela mentira, e adoraram e serviram à criatura antes que ao Criador que é bendito eternamente. Amém. Pelo que Deus os entregou a paixões infames. Porque até as suas mulheres mudaram o uso natural no que é contrário à natureza; semelhantemente, também os varões, deixando o uso natural da mulher, se inflamaram em sua sensualidade uns para com os outros, varão com varão, cometendo torpeza e recebendo em si mesmos a devida recompensa do seu erro. (Rm. 1. 24-27)*

E que se dizer da infidelidade conjugal, tão generalizada, e da prática sexual antes do casamento, hoje tão comuns e, por serem tão comuns, passam a serem tidas como normais para tantas pessoas. Por isso, ao contemplarmos esse quadro, não podemos nos esquecer das palavras do Salmista: *"os homens tem se corrompido, fazem-se abomináveis em suas obras".(Sl. 14:1).*

4 – **Econômica**

Instala-se em razão da má administração da causa pública e da desonestidade por parte de muitos que detém o poder político. Também pela ganância desenfreada e pelo desejo de lucro exagerado de tantos outros, estamos vivendo num país tão riaco e tão pobre ao mesmo tempo. Daí os desempregos, os sem-terra, os sem habitação e a insatisfação generalizada.

5 – Violência

"A terra, porem, estava corrompida à vista de Deus, e cheia de violência" (Gn. 6.11). Isto pouco antes de ser anunciada a destruição por meio do Dilúvio. Naquela época já existia a violência como nos dias atuais, porém, hoje ela é maior em virtude do volume tão decorrente do tamanho da população e também por muitos outros fatores. Os sequestros, assaltos, estupros, assassinatos, enfim, os crimes mais bárbaros contra a pessoa humana sucedem-se em ritmo avassalador.

Em São Paulo, numa só manhã, seis bancos foram assaltados. Os templos religiosos também tem sido desrespeitados, com arrombamentos e roubos. Algumas igrejas evangélicas têm sido queimadas nos Estados Unidos da América do Norte.

O medo tem se alastrado de tal maneira que a partir de determinado horário, não nos sentimos confortáveis para nos locomover, tamanha é a violência que ameaça até as autoridades constituídas.

6 – Crescimento Demográfico

O crescimento demográfico provoca aumento populacional e abalo econômico; o ritmo do crescimento traz dificuldades às famílias, originando auto-segregação das elites, resultando em formas precárias na urbanização das cidades, na saúde, no âmbito da educação, moradia e vastos contingentes de pobreza. Um bilhão e meio de pessoas através do mundo, vão dormir todos os dias, sem terem se alimentado.

7 – Política

A verdade de Deus que recebemos, nossos valores e a nossa memória das lutas dos nossos antepassados, não nos permitem aceitar a vida de sofrimento, miséria e injustiça em que vive a imensa maioria do povo no mundo inteiro; nem, por igual razão, a criminalidade e a violência que assolam também, as nações.

Repudiamos as ações de corrupção que aviltam os diversos setores das administrações públicas em todos os países, bem como todos os atos daqueles que buscam o enriquecimento fácil, à custa da pobreza e miséria do povo.

Não aceitamos a impunidade dos crimes que tem marcado a História.

O Pastor deve orientar a igreja, no sentido de orar a favor das autoridades constituídas (Reis, Presidentes, Governadores, Prefeitos), também pelas comunidades das cidades em que vivem, pois estas lutam pelo bem e pelos direitos das pessoas; orar para que os poderes constituídos façam a sua parte, o que é uma grande responsabilidade.

Sempre esperamos que o Governo dos países cumpram e façam cumprir a lei, de acordo com a Constituição que reage cada país.

"Sujeitai-vos pois a toda ordenação humana por amor ao Senhor, que ao rei, como superior.

Quer aos governadores, como por ele enviados para castigo dos malfeitores e para louvor dos que fazem o bem.

Honrai a todos, amai a fraternidade.

Temei a Deus. Honrai o Rei". (I Pedro 2: 13-14 e 17)

8 – Racial

Deus não faz acepção de pessoas *"Então, Pedro tomando a palavra disse: "na verdade reconheço que Deus não faz acepção de pessoas". (At. 10:34).*

Diante do quadro de crises tão desafiadoras desta época em que vivemos, uma outra indagação por certo, estará surgindo em nossa mente: é o que veremos a seguir.

CAPÍTULO IV

CONSCIÊNCIA DA CHAMADA DO PASTOR

"não fui desobediente à visão celestial"... (At. 26-19).

O ministro é separado por Deus para o Evangelho. Antes de escolher o ministério cristão como carreira, sua vocação lhe foi imposta impreterivelmente pelo Senhor dos Senhores.

Permanecendo apenas o chamado incondicional, acoado com a imperiosa intimação do Espírito Santo de Deus esta escolha pareceria, seria considerada até, como sendo uma escolha entre outras alternativas, porque as outras possibilidades ficaram para trás; porisso, o Espírito Santo mostrará ao pastor, através da sua consciência, o sentimento de que ele foi realmente chamado por Deus, como referido em tópico anterior deste estudo.

Ele não pode definir a outrem aparência, forma da vocação recebida do Senhor; esta não é imensurável e assim sendo intangível, tornando-se distinta e original por sua natureza.

1 – Abraão

"... sai-te da tua terra, da tua parentela e da casa de teu pai, para a terra que eu te mostrarei. Eu farei de ti uma grande nação; abençoar-te-ei , e engrandecerei o teu nome; e tu; sê uma benção". (Gn. 12: 1-2).

2 – Moisés

"Agora, pois, vem e eu te enviarei a Faraó, para que tires do Egito o meu povo, os filhos de Israel". *(Ex. 3.10).*

3 – Isaías

"Depois disto, ouvi a voz do Senhor, que dizia: A quem enviarei e quem há e ir por nós? E disse eu: Eis me aqui, envia-me a mim". (Is. 6.8).

Isaías, amigo dos reis, frequentador dos círculos palacianos, sentia-se em casa nos recintos das cortes reais.

O chamado bateu no coração e na consciência de Isaías, encontrando sua vocação e destino.

4 – Jeremias

Jeremias ouviu o chamado de Deus antes que saisse do ventre de sua mãe; foi santificado e a ele foram dadas as nações. Era um chamado claro e evidente, mas semelhante ao relâmpago que se assemelha à luz; ele temeu muito, aceitando com relutância: *"a mim veio, pois, a Palavra do Senhor dizendo: antes que eu te formasse no ventre materno, eu te conheci, e, antes que saisse da madre te consagrei e te constitui profeta às nações. Então, lhe disse eu: ah! Senhor Deus! Eis que não sei falar, porque não passo de uma criança. Mas o Senhor me disse: não digas : não passo de uma criança; porque a todos a quem eu te enviar, irás:; e tudo quanto eu te mandar falarás. Não temas diante deles, porque eu sou contigo, para te livrar, diz o Senhor. Depois estendeu o Senhor a mão, tocou-me na boca e o Senhor me disse: Eis que ponho na tua boca as minhas palavras. Olha que hoje te constituo sobre as nações e sobre os reinos para arrancares e derribares, para destruires e arruinares; e também para edificares e para plantares"; (Jr.1. 4-10)*

5 – Amós

Amós foi um boiadeiro pobre, meditativo e solitário. Também fazia colheita de figos silvestres! Estando por entre as franzinas pastagens de Tecoa, disse : "...*eu não sou profeta, nem pertenço a nenhum grupo de profetas, apenas cuido do gado e faço colheita de figos silvestres. Maas o Senhor me tirou do serviço junto ao rebanho e me disse: Vai e profetiza ao meu povo de Israel. Agora, ouça então a palavra do Senhor". (Am. 7.14-16)*

6 – Paulo

"Mas levanta-te e entra na cidade e lá te será dito o que te cumpre fazer" (At. 9.6).

7 – Samuel

Samuel não teve dúvida que Deus o chamara; assim também, o pastor não pode ter dúvida alguma de que o seu chamado foi feito por Deus. *"Então o Senhor veio e ficou ali. Como havia feito antes, disse; Samuel, Samuel! Respondeu Samuel: Fala porque o teu servo ouve..." (I Sm. 3:10)*

Você está lembrado da ocasião de sua chamada?

A chamada divina tem dois aspectos:

1o.) o externo – do alto, o de Deus;

2o.) o interno – é a consciência, que dá ao pastor a percepção, a total compreensão de que realmente o chamado foi feito pelo Senhor.

O ministro só deve entrar no Ministério pela porta da vocação divina; o ministro aprende e vive a todo instante, esta como que aventura do ministério, e o mesmo nunca se confundirá na mistura entre profissões, porque ele não é um profissional, mas um vocacionado. 'A luz do privilégio desse chamado incontestável estará sempre andando no caminho do dever ministerial.

A auréola da sua obra jamais desaparecerá e sua estrada nunca ficará totalmente escura, sempre haverá uma luz no final do túnel. Nunca, se tornará um homem vulgar. Em contra-partida, ao perder este senso de transcendência da vocação divina, o ministro será semelhante a um comerciante comum, num mercado comum, vendendo uma mercadoria também comum.

8 – Ezequiel

"Ele me disse: Levanta-te filho do homem! Ouça o que eu tenho para lhe dizer. No mesmo instante em que falava comigo, o Espírito (de Deus) entrou em mim. Levantei-me depressa e escutei o que ele me dizia: Filho do homem, disse Ele: Eu o mandarei como meu mensageiro ao povo, nação desobediente que se rebelou contra mim. Hoje e sempre seus pais nunca me obedeceram. Eles são um povo teimoso , de coração duro, que não muda de direção nem a força, você será mandado por mim a anunciar a mensagem do Senhor. E, quer ouçam ou não as suas palavras (pois são um povo terrivelmente rebelde e teimoso) mas saberão que um profeta do Senhor esteve entre eles. Por isso, filho do homem, não tenha medo desse povo. Não se assuste com suas ameaças, mesmo que as palavras deles firam como espinhos e sejam venenosas como escorpiões.

Não se assuste com gritos e com cara feia, porque eles são rebeldes contra mim! Você deve anunciar minhas mensagens, quer ouçam ou não. Eles não vão ouvir, porque são um povo teimoso e rebelde! Filho do homem, escute bem o que eu lhe digo! Não queira ser rebelde você também, como o restante do seu povo.

Então olhei e vi uma estranha mão estendida para mim, segurando um rolo (pergaminho). O pergaminho estava escrito por dentro e por fora. Quando a mão abriu o pergaminho a minha frente, vi que ele esta cheio de ameaças, suspiros e condenações, para aqueles que não obedecem a palavra de Deus". (Ez. 2. 1-10)

O Rei Nabucodonosor tinha um plano muito astuto. Para consolidar a conquista de Jerusalém e Judá, deportar até a Babilônia um contingente de 10 mil pessoas, composto dos mais influentes cidadãos israelitas.

Entre eles se encontravam o rei Joaquim e um jovem sacerdote chamado Ezequiel.

Ezequiel era filho de Buzi (Ex. 1.3); era casado (Ex. 24:18).

Residindo num país estrangeiro e ainda mais, inimigo, Ezequiel, como deportado, vivia em humilhação diária.

Ezequiel fora marcado por um toque divino: *"Pois veio sobre ele a mão do Senhor". (Ez. 1.3)*

Ezequiel fora escolhido por Deus como profeta; era dotado de grande energia e muita força de vontade.

Ezequiel possuia qualificações espirituais para ocupar o seu dificílimo ofício de Sacerdote; Foi educado como hebreu e zeloso pela palavra de Deus.

Foi capaz de suportar privações. O seu povo estava dividido entre uma terra devastada e um país conquistado. O profeta sabia que o seu povo era uma nação ressentida e pouco disposta a ouvir; contudo ele foi incansável em sua missão.

Vivem em época difícil como a nossa: estresse, violência, imoralidade, corrupção, sonegação, idolatria, feitiçaria, falta de espiritualidade, pessoas mais voltadas para o profano do que para o sagrado Mas, contudo era Ezequiel um pastor certo para sua época. Se desejamos servir ao Senho hoje, tomemos como exemplo o chamamento do pastor Ezequiel e suas implicações. Ele foi vitorioso!

8.1 – Chamamento

"*...filho do homem põe-te em pé e falarei contigo" (Ez 2.1).*

Este chamamento foi pessoal, direto, para que o profeta não tivesse dúvida da sua chamada.

Quando Deus chama, o faz de tal maneira que ficamos conscientes de que está tratando diretamente conosco.

Esse foi o chamamento de todos os profetas, sacerdotes, apóstolos, evangelistas, pastores e mestres.

Foi um chamamento claro, pessoal e direto.

Observamos que antes que Ezequiel falasse ao povo, Deus falou com ele.

Deus deseja falar conosco através de sua Palavra, antes que saiamos a falar aos outros.

Aqui fica a evidência de um dos aspectos mais importantes da vida do mensageiro de Deus: intimidade com a Palavra de Deus.

Deus também diz: "*seja forte e corajoso porque você vai comandar este povo Seja forte e muito corajoso. Tome cuidado e viva de acordo com toda a Lei (a palavra de Deus). Não se desvie dela em nada e você terá sucesso em qualquer lugar para onde for. Fale sempre do que está escrito no livro da Lei (a Palavra de Deus), estude esse livro dia e noite e se esforce para viver de acordo com tudo o que está escrito nele. Se fizer isso. Tudo lhe correrá bem, e você terá sucesso espiritual". (Js 1. 6-8).*

Paulo adverte a Timóteo: "*porque toda a Escritura é inspirada por Deus e útil para ensinar a verdade, condenar o erro" (II Tim. 3. 16-17),* também pronto para fazer todo tipo de boas ações, apresentando que a salvação só é possível pela morte e ressurreição em favor de todo homem que crê em Jesus e se arrepende dos seus pecados tem a garantia da vida eterna.

Quando lemos a sua palavra, existe um diálogo entre nós e Deus. Nesta hora, não pode haver nenhuma interferência, para que não haja distorção do significado. Isto é para nós pastores e membros da Igreja em geral. "*...Escondi a tua Palavra no meu coração para não pecar contra tí..." (Sl. 11 – 9:11).*

"Depois de terem comido, perguntou Jesus a Simão Pedro: Simão, filho de João, amas-me mais do que estes outros? Ele respondeu: Sim, Senhor tu sabes que te amo. Ele lhe disse: Apascenta os meus cordeiros. Tornou a perguntar pela segunda vez: Simão, filho de João, tu me amas? Ele respondeu: sim, Senhor, tu sabes que te amo. Disse-lhe Jesus: Pastoreia as minhas ovelhas. Pela terceira vez Jesus lhe pergunta: Simão, filho de João, tu me amas? Pedro entristeceu-se por ele lhe ter dito pela terceira vez, tu me ama? E respondeu-lhe: Senhor, tu sabes todas as coisas, tu sabes que eu te amo. Jesus lhe disse: Apascenta as minhas ovelhas" (Jo.21. 15-17). Claro que seria com a Palavra de Deus.

"E , quer ouçam ou não as suas palavras... mas, saberão que um profeta do Senhor esteve entre eles" (Ez 2:15).

8.2 – Ação do Espírito Santo

"*Então entrou em mim o Espírito Santo quando falava comigo" (Ez 2:2)*

Como resultado de ouvir a voz de Deus Ezequiel teve três experiências muito importantes:

1o) O Espírito Santo de Deus entrou (habitou) nele;

2o) Foram firmados os seus pés;

3o) Ele pôde entender claramente, quem falava com ele.

Nós podemos receber muitas bençãos quando estamos atentos à Palavra de Deus. Exemplo: Quando Paulo pregava em Filipos junto ao rio " *...Uma mulher chamada Lídia...estava ouvindo" (At 16:14),* e o Senhor abriu-lhe o coração para que ela estivesse atenta ao que Paulo falava.

Quando Deus viu que Lídia desejava escutar, abriu-lhe o coração para que ela ouvisse, entendesse e acreditasse em Jesus como o seu único e suficiente Salvador.

Observemos que simultâneamente à entrada do Espírito Santo no coração de Ezequiel foram firmados os seus pés:

1o) Quando o Espírito Santo vem ao vocacionado, ele se firma, entre outras coisas nas doutrinas bíblicas e será cumpridor dos seus deveres morais, éticos e espirituais.

2o) Muda o seu caráter e sua consciência cristã.

3o) O Espírito Santo tirou o caráter vacilante, dúbio e inseguro de Ezequiel.

4o) A razão pela qual muitas vezes nos tornamos vacilantes, dúbios e deixarmos nos encher pelo Espírito Santo, resultando em querermos fazer ao trabalho com as "*nossas próprias forças".*

"E não vos embriagueis com vinho, no qual há dissolução (imoralidade), mas enchei-vos do Espírito Santo. (Ef. 5: 18).

"E, quer ouçam ou não as suas palavras...mas saberão que um profeta do Senhor esteve entre eles" (Ez. 2:5)

8.3 – A Ordem de Deus

Quando nos alimentamos com a Palavra de Deus e nos deixamos encher pelo Espírito Santo, logo vem a Ordem Missionária.

"*...Depois disto ouvi a voz do Senhor, que dizia: A quem enviarei, e quem há de ir por nós? Então disse eu: Eis-me aqui, envia-me a mim. Então disse Ele: Vai, dize ao povo" (Is. 6: 8-9).*

Quando Cristo disse aos seus discípulos *"...mas recebereis poder (virtude) ao descer sobre vós o Espírito Santo e sereis minhas testemunhas, tanto em Jerusalem como em toda Judéia e Samaria e até os confins da terra..." (At. 1:8).*

Mas a missão do profeta não era fácil. Falaria para um povo desobediente, rebelde, pessoas teimosas de coração, empedernido (duro como pedra), que nem a força (Ez 2: 3-4).

Foi a mesma advertência que o Senhor fez aos discípulos. Quando enviou os doze foi como quem *"envia ovelhas no meio de lobos" (Mt. 10:16).*

Mas as ovelhas venceram os lobos! Isto parece incrível!

No sermão profético aos seus discípulos Jesus lhes disse : *"...Então vos hão de entregar para serdes atormentados e vos matarão. Sereis odiados em todas as nações por causa do meu nome" (Mt. 24.9).* Mas, a vós vos espera a vida eterna.

"E, quer ouçam ou não as suas palavras... Mas saberão que um profeta do Senhor esteve entre eles" (Ez 2:5).

8.4 – Associando a chamada

"Por isso, filho do homem, não tenha medo desse povo" (Ez 2:6).

O Profeta é atentado para realizar a sua missão, ainda que difícil:

1o) Pessoas cujas palavras feriam como espinho;

2o) Palavras venenosas como picadas de escorpião;

3o) Pessoas que gritavam por serem mal educadas;

4o) Pessoas que faziam cara feia;

5o) Pessoas rebeldes aos ensinos da Palavra.

"Conjuro-te, pois diante de Deus e de Cristo Jesus, que há de julgar os vivos e os mortos, na sua vinda e no seu reino, prega a palavra, insta a tempo e fora do tempo, admoesta, repreende, exorta, com toda longanimidade e ensino. Porque virá o tempo em que não suportarão a sã doutrina; mas, tendo coceira nos ouvidos, cercar-se-ão de mestres, segundo as suas próprias cobiças; e se recusarão a dar ouvidos à verdade, voltando às fabulas.

Tu porém sê sóbrio em tudo, sobre as aflições, faze a obra de um evangelista, cumpre bem o teu ministério" (II Tim. 4: 1-5).

"Não temas, pois eu sou contigo; não te assombres, pois eu sou teu Deus. Eu te fortalecerei e te ajudarei, eu te sustentarei com a destra da minha justiça". (Is. 41.10)

"...E, quer ouçam ou não as suas palavras...mas saberão que um profeta do Senhor esteve entre eles" (Ez. 2.5).

8.5 – Características encontradas

Ao manusearmos o Livro Sagrado ficamos com o nosso coração a vibrar e ao lermos os termos extremos nele contidos encontramos passagens que destacam dois tipos de pastores:

1o) Os falsos ou negativos;

2o) Os dependentes ou usados por Deus.

1o) Os falsos ou negativos:

1.1. - Os egoistas – *são maus pastores que, ao invés de alimentar as ovelhas do rebanho, cuidam de si mesmos : Assim diz o Senhor Deus: Ai dos pastores de Israel que se apascentam a si mesmos! Não devem os pastores apascentarem as ovelhas? (Ez. 34:2)* Ezequiel não foi assim.

1.2. - Os covardes – são os que abandonam as ovelhas e fogem com a chegada do lobo. Este, ao atacá-las faz co que as ovelhas se espalhem.

"Mas o que é mercenário, e não pastor de quem não são as ovelhas, vendo vir o lobo, deixa as ovelhas e foge; e o lobo as arrebata e dispersa.
Ora o mercenário foge porque é mercenário, e não se importa com as ovelhas". (Jo 10: 12-13). Ezequiel não foi assim.

1.3. - Os gananciosos – alem de "gulosos" nunca estão satisfeitos; são maus pastores, que se cuidam de si querendo ganhar o máximo possível. Só querem levar vantagem em tudo (a lei de Gerson).
"Esses gananciosos sempre querem mais comida, esses pastores não entendem nada, todos seguem os seus próprios interesses..."(Is. 56:11)

1.4. - Os embrutecidos – perdem a razão e não procuram na Palavra de Deus, o que Ele quer para o pastor, também para as suas ovelhas. *"Não pedem que o Senhor Deus os guie. Foi por isso que eles fracassaram e as ovelhas foram espalhadas" (Is.10:21). Ezequiel não foi assim.*

2o) Os dependentes ou usados por Deus

Os dependentes ou usados por Deus mostram o caráter de um verdadeiro ministro do evangelho.

2.1. - Amam as ovelhas – Ezequiel foi aquele pastor que, ao guiar o seu rebanho de 100 ovelhas , percebendo a falta de uma delas, deixava as 99 no curral e saia à procura da ovelha perdida. Quando a encontrava pegava-a com carinho colocava-a em seu ombro e voltava alegre. "*Se algum de vocês pastores tem cem ovelhas e perde uma, por acaso não vai procurá-la? Assim deixa no aprisco as outras noventa e nove e vai procurar a ovelha perdida até achá-la. Quando a encontra, fica muito contente e volta com ela nos ombros (Lc. 15: 4-5)*

2.2- Conhecem as ovelhas – Ezequiel foi aquele em que se cumpriram as palavras de Jesus *"... Eu sou o bom pastor,a conheço as minhas ovelhas e elas me seguem" (Jo 10.14).*

2.3. - Pastor corajoso – Ezequiel foi um pastor corajoso, que enfrentou os inimigos e impediu que as ovelhas fossem arrebatadas; "*Eu lhes dou a vida eterna, e por isso elas nunca morrerão: ninguem poderá arrebatá-las da minha mão" (Jo. 10:29).*
Que o povo possa dizer sempre que "*um profeta do Senhor esteve entre nós" (Ez. 2:5). Se assim for o nosso ministério, ele será uma benção.*

CAPITULO V

QUALIFICAÇÕES DO PASTOR

"Esta afirmação é digna de confiança, se alguem deseja ser bispo, deseja uma nobre função. É necessário, pois, que o bispo seja irrepreensível, marido de uma só mulher, moderado, sensato, respeitável, hospitaleiro e apto para ensinar; não deve ser apegado ao vinho, nem violento, mas sim amável, pacífico e não apegado ao dinheiro.

Ele deve governar abem sua própria família, tendo os filhos sujeitos a ele, com toda a dignidade.

Pois se alguem não sabe governar sua própria família, como poderá cuidar da igreja de Deus?

Não pode ser recém-convertido, para que não se ensorbebeça e caia na mesma condenação em que caiu o diabo. Também, deve ter boa reputação perante os de fora, para que não caia em descrédito nem na cilada do diabo" (I Tm 3. 1-7).

A razão de tê-lo deixado em Creta foi para que você pusesse em ordem o que ainda faltava e constituisse presbiteros em cada cidade, como em o instruí.

É preciso que o presbítero seja irrepreensível, marido de uma só mulher e tenha filhos crentes que não sejam acusados de libertinagem ou de insubmissão.

Por ser encarregado da obra de Deus é necessário que o bispo seja irrepreensível, não orgulhoso, não briguento não apegado ao vinho, não violento, não ávido por lucro desonesto. Ao contrário, é preciso que ele seja sensato, justo, consagrado, tenha domínio próprio e apegue-se firmemente à mensagem fiel, da maneira como foi ensinada, para que seja capaz de encorajar outros pela sã doutrina e de refrutar os que se opõem a ela" (Tt 1: 5-9).

Mas o que é ser um homem de Deus?

Como podemos reconhecer uma pessoa espiritualmente madura?

Essas perguntas não são novas, já era um problema entre o povo no tempo do Novo Testamento. Quando Timóteo hospedou-se em Éfeso para ajudar os novos cristãos, enfrentou problemas om as pessoas: as mesmas que queriam ser mestres e líderes espirituais na igreja.

Percebendo que as pessoas queriam liderar Paulo teceu palavras elogiosas ao dizer "*se alguém deseja ser bispo (pastor) deseja um ótimo trabalho (uma nobre função. "(1Tm 3:1).* E Paulo novamente deu a entender que é preciso que seja um tipo certo de homem.

Tito também, enfrentou este problema. Paulo deixou-o em Creta especificamente para que "*em cada cidade pusesse em ordem o que ainda falava" nos líderes que constituisse (Tt 1:5).*

E Paulo novamente dá a entender *"mas é preciso que seja um certo tipo de homem".*

Nas cartas de Paulo a Timóteo e a Tito, encontramos um parâmetro poderoso para avaliar o nível de maturidade de cada um de nós, pastores.

Em II Timóteo 3: 1-7 e Tito 1: 5-9 temos uma relação combinada dessas qualificações espirituais que devem ser encontradas em nós.

Essas qualidades de maturidade especificadas pelo apóstolo Paulo, devem ser alvo de nossas considerações, pois quando tomamos conhecimento delas devem despertar em nosso coração e em nosso entendimento o desejo de colocá-las em prática em nossa vida ministerial.

Nenhum de nós deve ficar desapontado por faltara-nos de forma acentuada, algumas dessas qualificações
.

Sabemos que não existe atalho; daí mais leitura bíblica, oração, santificação e quebrantamento diante Daquele que nos chamou : Ele capacitará o pastor a ser:

1) Irrepreensível

"Portanto, que o bispo seja irrepreensível (I Tm 3:2).

Um homem de Deus tem uma boa reputação. Esta característica se encontra nas duas cartas escritas a Timóteo e a Tito (I Tm 3:2) e (Tt 1: 6-7).

"Pelo que, amados, como estais aguardando essas coisas, procurai diligentemente que por ele sejais achados imaculados e irrepreensíveis em paz" (2Pe 3:14).

Leva tempo para se identificar um homem de boa reputação. Ser de boa reputação deve ser o alvo de cada um de nós. Isto deve acontecer naturalmente, ao crescer e amadurecer na vida

cristã.
Um homem de boa reputação:
a) É uma pessoa amável;
b) Ele é cumpridor de sua palavra;
c) Ele não desaponta ninguem;
d) Ele reconhece quando está errado;
e) Ele pode ser recomendado para qualquer tipo de tarefa.

2) Esposo de uma só mulher
"Portanto, que o bispo seja irrepreensível marido de uma só mulher..." (I Tm 3:2)
"Ouvistes o que foi dito: não adulterarás. Eu, porém, vos digo que todo aquele que olhar para uma mulher para a cobiçar, já em seu coração cometeu adultério com ela" (Mt 5 27-28).
Cada um de nós deve lutar consigo mesmo no que se refere à pureza moral e ser excessivamente cuidadoso co o sexo oposto.

3) Temperante
"Portanto, que o bispo seja irrepreensível, marido de uma só mulher, temperante..." (I Tm 3:2).
Temperante é uma pessoa que tem a qualidade de conseguir moderar os seus apetites.
"Ai de vós, escribas e fariseus, hipócritas! Porque limpais o exterior do copo e do prato, mas por dentro estão cheios de rapina e de intemperança" (Mt 23-25)
"Mas o fruto de Espírito é: o amor, ao gozo, a paz, a longanimidade, a benignidade, a bondade, a fidelidade, a mansidão, a temperança; contra estas coisas não há lei (Gl 5: 22-23).

4) Sóbrio
"Portanto, que o bispo seja irrepreensível marido de uma só mulher, temperante, sóbrio..." (I Tm 3:2 ; Tt 1.8).
As palavras e suas diferentes formas usadas por Paulo para descrever este sinal de maturidade (Sophron) palavra da lingua grega foi diversamente traduzida por: sóbrio, sensato, cordato, correto no que se refere `amente e julgamento ou também, uma pessoa prudente.
"Porque pela graça que me foi dada, digo a cada um dentre vós, que não tenha de si mesmo mais alto conceito do que convém; mas que pense de si sobriamente, conforme a medida da fé que Deus, repartiu a cada um." (Rm 12:3).

5) Modesto
"Portanto, que o bispo se irrepreensível, marido de uma só mulher, temperante, sóbio, modesto..." (Tm 3:2).
A palavra "Kosmios" encontra-se no vocabulário da língua grega; referindo-se ao verso acima citado, a tradução significa "bom comportamento", "bem comportado", respeitável. Paulo estava dizendo que um homem respeitável vive de tal maneira que "adorna os ensinamentos bíblicos".
"Seja a vossa moderação conhecida de todos os homens. Perto está o Senhor" (Fl 4:5)

6) Hospitaleiro
"Portanto, que o bispo seja irrepreensível, marido de uma só mulher, temperante, sóbrio, modesto, hospitaleiro..." (I Tm 3:2 ; Tt 1:8).
A hospitalidade não é um conceito novo. Fazia parte da civilização oriental há muito tempo, e era cosiderada como uma responsabilidade: *Quando um estrangeiro peregrinar convosco na vossa terra, não o maltratareis. Como um natural entre vós será o estrangeiro que peregrinar convosco; amá-lo-eis como a vós mesmos; pois estrangeiros fostes na terra do Egito. Eu sou o Senhor vosso Deus" (Lv 19; 33-34).*
A hospitalidade cristã deve operar em um contexto de amor. *"Seja constante o amor*

fraternal, não negligencieis a hospitalidade" (Hb 13 : 1-2).
Este é um sinal de um crente amadurecido.

7) Apto para ensinar

"Portanto, que o bispo seja irrepreensivel, marido de uma só mulher, temperante, sóbrio, modesto, hospitaleiro, apto para ensinar..." (I Tm 3,2. Tt 1-9).

Esta pequena frase "apto para ensinar" - fascinante, que foi traduzida de uma palavra do vocabulário grego "didaktikos", não se refere ao dom de ensinar, mas a uma qualidade que todos os homens podem e devem desenvolver para atingir o pleno desenvolvimento, que é a maturidade.

Um cristão amadurecido deve:

a) Aprender mais e mais sobre a Palavra de Deus (II Tm 2:2);
b) Crer mais e mais na Palavra de Deus (Tt 1-9);
c) Viver em conformidade com a palavra de Deus (II Tm 2: 24-25);

8) Não dado ao vinho

"Portanto, que o bispo seja irrepreensível, marido de uma só mulher, temperante, sóbrio, modesto, hospitaleiro, apto para ensinar, não dado ao vinho..." (I Tm 3:2 – Tt 1-7).

"E não vos embriagueis com vinho, no qual há devassidão, mas enchei-vos do Espirito". (Ef 5:18).

"Para quem são os ais? Para quem os pesares? Para quem as pelejas? Para quem as queixas? Para quem as feridas sem causa? E para quem os olhos vermelhos? Para os que se demoram perto do vinho, para os que andam buscando bebida misturada. Não olhes para o vinho quando se mostra vermelho, quando resplandece no copo e se escoa suavemente. No seu fim morderá como a cobra, e como o basilisco picará.

Os teus olhos verão coisas estranhas, e tu falarás perversidades. E serás como o que se deita no meio do mar, e como o que dorme no topo do mastro" (Pv23: 29-34).

Não usar bebidas alcoólicas : a total abstinência é a conduta ideal para o ministro do Evangelho. Assim, evitará quaisquer críticas, tentações e suspeitas.

À luz da ciência vejamos:

Ela mostra que o alcool no sangue danifica os neurônios (células do sistema nervoso central e periférico). Para imaginarmos os neurôneos, pensemos em um fio de eletricidade: o revestimento plastico neurôneos chama-se "Bainha de Mielina". Os neurôneos alimentam-se de "glicose e oxigênio"; quando há presença de alcool elítico, os neurôneos passam a se alimentar deste alcool, o qual danifica a "Bainha de Mielina", fazendo com que os neurôneos fiquem como fios descascados, nos quais está passando a corrente elétrica; ao entrarem em contato uns com os outros, resulta-se o curto circuito.

Este é o motivo pelo qual as pessoas alcoolizadas perdem a coordenação motora.

Outro fator preponderante é: os neurôneos já danificados, ornan-se viciados desejando sempre mais alcool.

Obtendo esta necessidade outros neurôneos passarão pelo mesmo processo. É oportuno salientar que os neurôneos não se recuperam.

"não sabeis que sois o templo de Deus e que o Espírito de Deus habita em vós? Se alguém destruir o templo de Deus, Deus o destruirá; porque o templo de Deus que sois vós, é santo... (I Co 3 : 16-17).

O povo (os irmãos da Igreja de Corinto) não devia participar dos pecados prevalescentes naquela sociedade. Deviam rejeitar todas as formas de imoralidade.

O templo de Deus (que é o nosso corpo, habitação do Espírito Santo) deve ser Santo.

9) Não arrogante

"Porque é indispensável que o bispo seja irrepreensível como dispenseiro do templo de Deus, não arrogante..." (Tt 1:7).

Este tipo de comportamento egocentralizado e obstinado, foi a causa da destruição de Sodoma e Gomorra. Em II Pedro é descria a conduta teimosa de um Balaão *"que amou*

o prêmio da injustiça (II Pe 2:15).
"Apascentai o rebanho de Deus, que está entre vós, não por força, mas espontaneamente segundo a vontade de Deus; nem por torpe ganância, mas de boa vontade; nem como dominadores sobre os que vos foram confiados, mas servindo de exemplo ao rebanho (I Pe 5: 2-3).

10) Não irascível
"Porque é indispensável que o bispo seja irrepreensível como despenseiro de Deus, não arrogante, não irascível..." (Tt 1:7).
Um homem de Deus, amadurecido não é propenso a ira; expressando com palavras mais populares: "ele não perde as estribeiras com facilidade".
A ira constitui pecado e brota com muita facilidade; prolongada, pode "tomar a lei em suas próprias mãos", retribuindo mal com mal, manifestando uma vida egoísta e muito perigosa.

11) Não violento
"Porque é indispensável que o bispo seja irrepreensível como despenseiro de Deus, não arrogante, não irascivel, não dado ao vinho, nem violente..." (Tt 1-7).
Em algumas traduções, a palavra "violento" aparece como "briguento", o que nos leva a pensar num golpeador, pessoa que golpeia os outros fisicamente. Portanto, a violência é na realidade a ira ora de controle, não apenas verbal mas também física.
"Não sabeis que os injustos não herdarão o reino de Deus? Não vos enganeis: nem os devassos, nem os idólatras, nem os adúlteros, nem os efeminados, nem os sodomitas, nem os ladrões, nem os avarentos, nem os bêbedos, nem os maldizentes, nem os roubadores herdarão o reino de Deus. E tais fostes alguns de vós; mas fostes justificados em nome do Senhor Jesus Cristo e no Espírito do nossos Deus". (I Cor 6: 9-11).
Um homem amadurecido tem controle sobre as suas fraquezas; não se irrita facilmente e também, não dá razão à violência física.
Alguns exemplos:
a) Caim (Gn 4 : 1-15)
b) Moisés (Nm 20: 1-13)
c) Pedro (Jo 18: 1-27);
"Ouvistes o que foi dito: Olho por olho, dente por dente. Eu, porém, vos digo; não resistais ao perverso; mas qualquer que te ferir na face direita, volta-lhe também a outra (Mt. 5: 38-39).

12) Inimigo de contendas
"É necessário, portanto, que o bispo seja irrepreensível, esposo de uma só mulher, temperante, sóbrio, modesto, hospitaleiro, apto para ensinar; não dado ao vinho; não violento, porém cordato, inimigo de contendas..." (1 Tm 3 : 2-3).
"Segui a paz com todos, e a santificação, sem a qual ninguem verá o Senhor, tendo cuidado de que ninguem se prive da graça de Deus, e de que nenhuma raiz de amargura, brotando, vos perturbe, e por ela muitos se contaminem;" (Hb 12: 14-15)

13) Cordato
"È necessário, portanto, que o bispo seja irrepreensivel, esposo de uma só mulher, temperante, sóbrio, modesto, hospitaleiro, apto para ensinar; não dado ao vinho, não violento, portanto cordato..." (1 Tm 3: 2-3)
"Bem aventurados os mansos, porque herdarão a terra" (Mt 5:5).
Estas foram as palavras que Jesus usou, quando ensinava às multidões. Isto reflete uma atitude que geralmente é oposta às qualidades negativas, tais como: brigão, contencioso, genioso; estas deverão ser trocadas por brandura, paciência e bondade.
"Irmãos, se alguem for surpreendido em alguma fala, vós, que sois espirituais corrigi-o com o espírito de brandura e guarda-te para que não sejais também tentado". (Gl. 6:1).
Seja paciente, seja bondoso, seja gentil. Demonstre a realidade de Jesus que disse: *"Tomai sobre vós o meu jugo, e aprendei de mim, porque sou manso e humilde de coração e achareis descanso para as vossas almas" (Mt 11:29)*

14) Não avarento

"É necessário portanto, que o bispo seja irrepreensível, esposo de uma só mulher, temperante, sóbrio, modesto, hospitaleiro, apto para ensinar; não dado ao vinho, não violento, porém, cordato, inimigo de contendas, não avarento..." (1 Tm 3: 2-3)

"Mas os que querem tornar-se ricos caem em tentação e em laço, e em muitas concupiscências loucas e nocivas, as quais submergem os homens na ruína e na perdição. Porque o amor ao dinheiro é raiz de todos os males; e nessa cobiça alguns se desviaram da fé, e se traspassaram a sí mesmos com muitas dores" (1Tm 6: 9-10).

Porque onde está o teu tesouro, aí está também o teu coração". (Mt. 6:21).

"Pastoreai o rebanho de Deus que há entre vós, não por constrangimento, mas espontaneamente, como Deus quer, nem por sórdida ganância, mas de boa vontade". (I Pe 5:2).

15) Que governe bem a sua própria casa

"É necessário, portanto, que o bispo seja irrepreensível, esposo de uma só mulher, temperante, sóbrio, modesto, hospitaleiro, apto para ensinar; não dado ao vinho, não violento, porem cordato, inimigo de contendas, não avarento, e que governe bem a sua casa, criando os filhos sob disciplina, com todo respeito, pois se alguem não sabe governar a própria casa, como cuidará da igreja de Deus?..." (I Tm 3: 2-5).

Temos como exemplo, os filhos de Eli. (I Sm 2.12,17; 3:13).

Paulo não está falando de uma família perfeita, tal coisa não existe, assim como não existe igreja perfeita. Não existe marido perfeito, esposa perfeita ou filhos perfeitos. Enquanto estivermos neste mundo seremos vítimas da imperfeição; portanto cada pessoa deve lutar e resolver de forma cristã os problemas de sua família para não afasta-la de Jesus.

16) Bom testemunho

"... É preciso que o bispo seja respeitado pelos de fora da igreja, para que não fique desmoralizado e não caia na armadilha do diabo" (1 Tm 3:7).

Armadilha do diabo (laço do diabo) significa ser criticado ou acusado de alguma coisa que o cristão cometeu, algo que incomoda o incrédulo.

"Que nenhum de vós, entretanto, padeça como homicida ou ladrão, ou mal-feitor, ou como quem se intromete em negócios alheios; mas, se padece como cristão não se envergonhe, antes glorifique a Deus neste nome" (1 Pe 4: 15-16).

Quando somos inocentes não revidamos, ficamos quietos, mas quando somos culpados, ficamos sempre na defensiva.

17) Amigo do Bem

"Porque é indispensável que o bispo seja irrepreensível como despenseiro de Deus, não arrogante, ão irascível, não dado ao vinho, nem violento, nem cobiçoso, torpe ganância, antes hospitaleiro, amigo do bem..." (Tt 1, 7-8).

"Andai em sabedoria para com os que estão fora, usando bem cada oportunidade. A vossa palavra seja sempre com graça, temperada com sal, para saberdes como deveis responder a cada um". (Cl 4: 5-6).

"Quanto ao mais, irmãos tudo o que é verdadeiro, tudo que é honesto, tudo o que é justo, tudo o que é puro, tudo o que é amável, tudo o que é de boa fama, se há alguma virtude, e se há algum louvor, nisto pensai" (Fp 4;8).

18) Justo

"Porque é indispensável que o bispo seja irrepreensível, como despenseiro de Deus, não arrogante, não irascível, não dado ao vinho, nem violento, nem cobiçoso de torpe ganância, antes hospitaleiro, amigo do bem, justo...." (Tt 1; 7-8).

Percorrendo o vocabulário grego, encontramos a palavra "dikaios" que significa "justo".

Lendo o novo Testamento, encontramos diversos significados para esta palavra, por exemplo: quando a Bíblia se refere aos "justos" e "injustos", claramente está falando aos que são, e aos que não são salvos (At. 24:15).

Paulo diz que "*o justo viverá pela fé" (Rm 1; 17),* referindo-se à obra justificadora de Deus na vida do pecador, que pela fé é feito justo diante de Deus.

Um homem justo, conforme lemos em Tito 1:8, é aquele que pode fazer um julgamento completamente desenvolvido. Ele tem um ponto de vista amadurecido sobe a vida e suas muitas circunstâncias. Ele é um homem sábio e compreensivel
(Pv 1: 1-6).

19) Piedoso

"...porque é indispensável que o bispo seja irrepreensível como despenseiro de Deus, não arrogante, não irascível, não dado ao vinho, nem violento, nem cobiçoso de torpe ganância, antes hospitaleiro, amigo do bem, justo, piedoso..." (Tt 1; 7-8).

A palavra "piedoso" bem como "justo", referem-se à santidade prática no original, a palavra "hosios" significa ser livre do pecado ou maldade que normalmente é traduzido por santo.

A palavra "hosios" pertence ao vocabulário grego. *"...vós também, quais pedras vivas sois edificados, como casa espiritual para serdes sacerdócio santo, a fim de oferecerdes sacrifícios espirituais, aceitáveis a Deus por Jesus Cristo" (I Pe 2:5).*

Ser piedoso não é um sinal de maturidade cristã. *"Não saia da vossa boca nenhuma palavra torpe, mas só a que seja boa para a necessária edificação, a fim de que ministre graça, aos que a ouvem. E não entristeçais o Espírito Santo de Deus, no qual fostes selados para o dia da redenção. Toda a amargura, e cólera, e ira, e gritaria, e blasfêmia, sejam tiradas dentre vós, bem como toda a malícia. Antes sede bondosos uns para com os outros, compassivos, perdoando-vos uns aos outros, como também Deus vos perdoou em Cristo" (Ef. 4 : 29-32).*

Quando Paulo fala sobre um homem que é piedoso, está falando de uma atitude de santidade que se desenvolve e opera no comportamento humano de forma progressiva.

"Aquele que diz estar nele, também deve andar como ele andou" (I Jo 2:6)

20) Não Neófito

"O bispo não deve ser alguém convertido há pouco tempo; se for, ele ficará cheio de orgulho e será condenado como o diabo" (1 Tm 3:6).

De origem grega, a palavra "neophutos" que significa "recém-plantado", foi usada por Paulo advertindo a igreja a não escolher um líder ou pastor recém convertido, pois o mesmo poderia sentir-se orgulhoso de si próprio com a promoção rápida a uma posição de liderança.

É mister conhecimento, desenvolvimento espiritual e experiência pastoral para não cair em erro e sentir-se agoniado.

*"A soberba precede a destruição, e a altivez do espírito precede a queda"
(Pv 16:18).*

Uzias foi severamente julgado por Deus, porque *"exaltou-se o seu coração para sua própria ruína e cometeu transgressões" (2 Cr. 26:16).*

Ezequias também foi julgado *"pois o seu coração se exaltou" (2 Cor 32:25), "mas quando se humilhou por ter exaltado seu coração"* foi novamente abençoado
(2 Cr 32: 26-33).

Se qualquer cristão, por mais maduro que seja, pode vir a tornar-se uma vítima dos dardos de satanás (neste setor da sua vida), quanto mais um novo cristão.

Como é fácil orgulharmo-nos das nossas próprias realizações – tomarmos para nós o crédito que a Deus pertence (Ef. 2: 8-9), *porque pela graça, sois salvos, mediante a fé; e isto não vem de vós; é dom de Deus; não de obras, para que ninguem se glorie"*

CAPITULO VI

MODELO BÍBLICO DO PASTOR

"Porque a nossa exortação não foi com engano, em com imundícia,a nem com fraudulência; mas, como fomos aprovados de Deus para que o Evangelho nos fosse confiado assim falamos, não como para agradar aos homens, mas a Deus, que prova o nosso coração. Porque, como bem sabeis nunca usamos de palavras lisonjeira, nem houve um pretexto de avareza; Deus é testemunha. E não buscamos glória dos homens, nem de vós, nem de ouros ainda que podíamos, como apóstolos de Cristo, ser-vos pesados. Antes fomos brandos entre vos, como a "ama" que cria seus filhos. Assim nós, sendo-vos afeiçoados de boa vontade, quiséramos comunicar-vos, não somente o Evangelho de Deus mas ainda de nossa própria alma; porquanto nos é reis muito queridos. Porque bem vos lembrais, irmãos, do vosso trabalho e fadiga, pois, trabalhando noite e dia, para não sermos pesados a nenhum de vós, vos pregamos o Evangelho de Deus. Vós e Deus sois testemunhas de quão santa, justa e irrepreensivel nos houvemos para convosco, os que crestes.

Assim bem sabeis de que modo vos exortamos e consolaríamos, a cada um de vós, como o pai a seus filhos. Para que vos chama para o seu reino" (1Ts 2: 3-12).

Os termos "pastor", pastorear" e "apascentar" não aparecem na descrição que o apóstolo Paulo faz do seu trabalho entre os crentes em Tessalônica, entretanto sem dúvida alguma ele exerce ali um ministério pastoral.

Notemos algumas caraterísticas mais destacadas no seu ministério:

1) Comunicando a palavra de Deus

O Apóstolo Paulo compreendia claramente a necessidade de prover uma alimentação adequada para a "grei".

O ensino do apóstolo Paulo tem três características destacadas:

1.1.) Foi verdadeiro "não procedeu de erro", foi uma autêntica mensagem divina sem a interferência de filosofias humanas;

1.2.) Foi separado "não procedeu de impurezas", isto é, isento de contaminação com impureza moral;

1.3.) Foi sincero "sem procedimentos astutos para enganar ou atrapalhar os seus ouvintes"

A palavra "engano" aqui, era a isca colocada no anzol para atrair o peixe e fisgá-lo.

Devemos refletir sobre isto.

2) Comportamento

A palavra "fomos aprovados" o mesmo que examinar o material é o peso de certa moeda, para constatamento da não falsidade da mesma.

Paulo foi aprovado por Deus: "*Procura aprender-te a Deus aprovado, como obreiro que não tem que se envergonhar, que maneja bem a palavra da verdade." (2Tm 2;15)*

3) Ministração

Paulo não desejava aplausos humanos, O seu ministério em Tessalônica estava livre de três coisas: influências indevidas, avareza e vanglória.

3.1.) **Tratamento com ternura**

Paulo tratou os recém convertidos como crianças, espiritualmente falando: assim sendo quais os cuidados e esmero que estas "crianças" merecem.

Referindo-se aos filhos de Israel, exemplificou: *ao encontrarem um ninho de ave com os ovos ou com os filhotinhos que não os molestassem, para que a mãe, cuidasse dos mesmos até que eles pudessem sobreviver sozinhos. (Dt 22:6) ...Porque ninguem aborreceu a sua própria carne; antes a alimenta e sustenta como também o Senhor à Igreja" (Ef. 5:29).*

3.2.) **Entrega pessoal a favor da Congregação**

Tão grande era o afeto de Paulo pelos irmãos de Tessalônica que ele estava disposto, não só a pregar o evangelho mas dar a sua própria vida.

"Sede, pois, imitadores de Deus como filhos amados; e andai em amor, como também Cristo vos amou e se entregou a si mesmo por nós em oferta e sacrifício a Deus, em cheiro suave". (Ef. 5: 1-2).

3.3.) **Servir de exemplo**

"Sede meus imitadores como eu sou de Cristo". (I Co 11.1)

3.4.) **Ministério de exortação e consolação.**

Procurar exercer um ministério com sabedoria, com solenidade, com ternura, sabedores de que as nossas atitudes põem em jogo a vida espiritual dos membros.

Temos também referência em *João 11 : 17-44,* quando os amigos de Marta e Maria quiseram consolá-las por terem perdido seu irmão Lázaro.

Uma parte essencial do ministério pastoral é compartilhar: *"alegrai-vos com os que se alegram e chorai com os que choram". (Rm 12:15).*

3.5.) **Glorificando a Deus**

O ministério que Paulo exerceu tinha o propósito de transmitir, mostrar a cada membro da igreja um comportamento digno da vocação para o qual fora chamado: "*...que andeis de modo digno da vocação a que fostes chamados". (Ef. 4:1).*

O crente deve viver para a glória de Deus: *"Vivei, acima de tudo, por modo digno do Evangelho de Cristo, para que..., estais firmes em um só espírito, como uma só alma, lutando juntos pela fé evangélica" (Fp 1:27).*

Pode haver uma ocupação mais bendita ou um desafio mais glorioso do que o de ser Pastor?

CAPITULO VII

RAZÕES QUE LEVAM O PASTOR AO DESÂNIMO

Em *I Re 19: 1-4* está registrada a experiência que Elias teve com Deus: *"Acabe fez saber a Jezabel tudo quanto Elias havia feito com os 450 profetas de Baal, matando-os todos à espada. Então Jezabel mandou um mensageiro a Elias a dizer-lhe: Façam-me os deuses como lhes aprouver se amanhã a estas horas não fizer eu a tua vida como fizeste a cada um deles.*

Temendo, pois, Elias levantou-se e para salvar a sua vida, se foi e chegou a Berseba, que pertence a Judá; e ali deixou o seu moço. Ele mesmo, porém se foi ao deserto, caminho de um dia, e veio se sentar debaixo de um zimbro; e pediu para si a morte, e disse: Basta, toma agora, ó Senhor a minha alma, pois não sou melhor que meus pais".

O texto de Jeremias 20 : 7-9, 17-18 fala da experiência, também, que Jeremias teve com Deus: *"Persuadiste-me, ó Senhor, e persuadido fiquei: mais forte do que eu, e prevalecente, sirvo de escárnio todo o dia, cada um deles zomba de mim...já desfaleço de sofrer, e não posso mais...Porque não me matou Deus, no ventre materno? Porque minha mãe não foi minha sepultura? Ou não permaneceu grávida perpetualmente? Por que saí do ventre materno tão somente para ver trabalho e tristeza, e para que se consumam de vergonha os meus dias?*

À luz da exegese, compreendo Elias e Jeremias.

Existem dias sombrios e jornadas difíceis na vida de um pastor. Em tais momentos, a pessoa quer "escapar" de qualquer maneira.

As vezes isso acontece por nossa própria dor e por vezes, pela dor de outrem.

Quando eu ainda era um jovem pastor, recém formado, sem experiência, alguém me comunicou que a filha de um casal de membros da igreja havia falecido repentinamente, por acometimento de um aneurisma.

As ilusões daquele casal haviam se desmoronado, pois era a sua única filha.

Uma jovem membro da igreja veio me buscar com seu automóvel e disse: "vamos, pastor; eu o levarei para que o senhor console os pais desta moça.

Quando faltavam cem metros para chegar à casa da família atribulada, pedi para descer do carro e disse ao jovem: "volte jovem; preciso ficar só, pois quero pensar".

Caminhei devagar; eu não tinha a condição necessária para enfrentar aquela tragédia dos meus irmãos e amigos e então me perguntei: "porque aceitei essa responsabilidade de ser pastor? O que falarei a essas pessoas? O que elas poderão me perguntar? O que responderei? Para que aceitar essa tarefa, se existem tantas outras pessoas que podem desempenhá-las tão bem?...

Eu estava acovardado, mas finalmente me atrevi a entrar na casa, pois não podia fazer outra coisa. Todos já haviam me visto chegar. Foi surpreendente.

Os pais estavam repletos de paz e me confortaram.

Eu estava "quase" para renunciar ao pastorado e me culpando, mas percebi o grande privilégio e a recompensa, já, aqui na terra em ser pastor.

1) Programa homilético:

Certa vez, uma irmã disse: "Pastor quanto mais eu ouço os sermões, mais vazia eu fico!" (isso foi dito após o culto).

Não era um elogio, era uma crítica. Não gostei da censura ao meu sermão, quase a chamei ao gabinete pastoral; mas, Deus me fez entender que ela estava certa.

Os sermões não eram feitos em oração, eram cheios de citações filosóficas existencialista.

Costumava citar grandes filósofos, notáveis teólogos, palavras elegantes e vocábulos científicos, também teorias psicológicas. Procurei voltar para a Bíblia.

Chamei aquela irmã e lhe disse; "Irmã, ore por mim, para que eu transmita às pessoas que me ouvem a clara mensagem da palavra de Deus e a salvação que é dada por Jesus Cristo, a nossa única esperança.

2) Opiniões divergentes

A função do pastor é unificar opiniões, procurar a unidade e o amor fraternal *"Sedes unidos e unânimes" (Ef 4:32).*

3) Sustento Ministerial

Um pastor deixa os afazeres da vida secular e não é compreendido. Mas Deus sempre se encarrega de prover o necessário para ele e sua família, conforme as suas promessas. O pastor deve sentir confiança absoluta em Deus.

4) Falta de precursores

João Batista foi precursor de Jesus Cristo. Nem sempre há um "João Batista" na igreja, que vai preparando o caminho para o pastor; *"convém que Ele cresça e que eu diminua" (Jo 3:30).* Quando somos incompreendidos a melhor maneira é perdoar.

5) Pressão da Congregação

O Pastor não deve ter medo de falar as verdades de Deus diante das autoridades, assim como João falou a Herodes, o rei.

"Não temais os que matam o corpo e não podem mata a alma; temei antes aquele que pode fazer perecer no inferno tanto alma quanto o corpo". (Mt. 10:28).

6) Estresse

Saber dizer sim, em como saber dizer não; disbribuir as responsabilidades gerais. Observemos o conselho de Jetro a Moisés lendo em Exodo 18: 13-27

"O meu jugo é suave e o meu fardo é leve" (Mt 11-30)

7) Tratando dos escândalos

Quando um membro da igreja comete uma falta, o pastor deve disciplina-lo com amor, mansidão e om ética.

8) Tornando-se "super-homem"

Não olhar para os ouros, mas olhar para Cristo. O Pastor não deve ser o "faz tudo", o "manda-chuva" ou o "super astro", a brilhar na ribalta de uma tribuna sagrada que se transforma em passarela de exibicionismo e vaidade não!...

É ser "preparador", "treinador" e "habilitado" do povo de Deus para que sirva, edifique a igreja, promova o Reino de Deus no mundo, cresça enquanto amadurece e ter como padrão a excelência da "estatura do varão perfeito" - Jesus Cisto".

9) Treinamento de líderes

"E o que de minha parte ouviste, transmite a homens fiéis e idôneos para instruir a outros" (2 Tm 2-2).

Em 20/10/1968, na cidade do México, cerca de 4.000 espectadores permaneciam no Estádio Olímpico da cidade. Já estava escurecendo. Os últimos participantes da Maratona cruzavam vacilantes a linha de chegada.

Finalmente, os espectadores ouviram o alardo da sirene nos carros da Polícia. Todos os olhos fixos na parte da entrada, eis que surge um atleta solitário, uniformizado com as cores da Bandeira da Tanzânia; entrou no Estádio co dificuldade. Seu nome : John Stephen Akhwari. Foi o último participante a terminar a maratona de 42 quilômetros.

O atleta correu até a linha de chegada, sentindo problemas de distensão nas pernas; estava machucado, sangrando...

Ele foi aplaudido de pé pelos espectadores, mesmo não tendo vencido a prova.

Depois de haver cruzado a linha de chegada, alguém perguntou-lhe qual foi o motivo por não ter abandonado a prova. Simplesmente, respondeu: "meu país enviou-me de tão longe não só para começar, mas para começar e terminar essa Maratona".

Conclusão: esse atleta sentiu-se motivado e foi treinado para cumprir sua tarefa.

CAPITULO VIII

O Pastor tendo Cristo como paradigma

"O ladrão não vem senão a roubar , a matar e a destruir, eu vim para que tenham vida e a tenham em abundância. Eu sou o bom pastor, o bom pastor dá a sua vida pelas ovelhas. Mas o mercenário, que não é pastor de quem não são as ovelhas, vê vir o lobo e deixa as ovelhas, e foge; e o lobo as arrebata e dispersa. Ora o mercenário foge, porque é mercenário e não tem cuidado das ovelhas. Eu sou o bom pastor e conheço as minhas ovelhas, e das minhas sou conhecido.

Assim como o Pai conhece a mim, também eu conheço o Pai e dou a minha vida pelas ovelhas" (Jo 10: 10-15).

1) **O ladrão vem roubar, matar e destruir**

O propósito do ladrão é roubar, mas ele também mata e destrói, Isso também acontece com o ser humano,no terreno espiritual; se a pessoa viver à procura de engrandecimento, riqueza, posição social ou fama, não ficará satisfeito enquanto não conseguir alcançar os seus ideais.

"Ele rouba", "ele mata", ele destrói"...

2) **Cristo da vida abundante**

. A palavra "vida" ressalta toda a necessidade espiritual da ovelha. Cristo vô-la dá sempre a mais do que esperamos. Dele recebemos a vida eterna.

O verdadeiro pastor não está preocupado consigo mesmo, mas tem a sua atenção voltada as necessidades das ovelhas, alimentando-as adequadamente, para que elas não morram desnutridas.

3) **Cristo é o bom pastor**

Cristo se identifica como o Bom Pastor; Ele diz: *"o bom pastor dá a sua vida pelas ovelhas" (Jo 10:11).*

"Deixa as 99 no curral e vai atrás da perdida que venha achá-la...e achando-a, põe sobre seus ombros cheio de júbilo...porque achou a ovelha perdida" (Lc 15: 4-6)

Vivemos numa época que muitos auto entitulam-se pastores, mas não estão dispostos a cumprir a função de pastor, pois falta-lhes vocação; também seu comportamento é dúbio, tanto ético quanto o moral e espiritual.

4) **Cristo não é mercenário**

A palavra mercenário é traduzida do vocábulo "MISTHOS" que é de origem grega e passa a idéia de quem somente trabalha por salário.

Obviamente quando um candidato a uma vaga existente em determinada Empresa é chamado e este aceita o encargo, ele pensa no dinheiro que lhe será pago em troca dos seus serviços. Mas, se a sua preocupação com o salário for maior que o desenvolvimento da tarefa, ele será considerado um mercenário.

O mesmo pode acontecer com um pastor.

A Igreja deve convidar o pastor desejado, esforçar-se o mais possível para pagar-lhe um salário condinzente com a importante missão que ele deverá desempenhar.

Merecido salário, pois o pastor tem responsabilidades pessoais, com sua família e com a sociedade em que vive.

"Digno é o obreiro do seu salário" (Lc 10:7).

O mercenário não é necessariamente um ladrão ou salteador, mas alguém que trabalha com o pensamento voltado ao dinheiro, deixando de lado as necessidades "das ovelhas".

Uma ovelha em perigo: o pastor foge, preferindo proteger-se a sí próprio, a salvá-la. Esta atitude não deve ser a de um verdadeiro pastor.

"Não andeis anciosos pela vossa vida, quanto ao que haveis de comer e beber; ... observai as aves do céu: não semeiam, não colhem, nem ajuntam em celeiros; contudo, vosso Pai celeste as sustenta" (Mt. 6: 25-26).

"Apascentai o rebanho de Deus que está entre vós, tendo cuidado dele, não por força, mas espontaneamente, nem por torpe ganância, mas de ânimo pronto" (I Pe 5:2).

5) Cristo se identifica com as ovelhas

Ele as conhece e é conhecido por elas.

"As ovelhas ouvem a sua voz, ele chama pelo nome às suas próprias ovelhas e as conduz... vai adiante delas e elas o seguem, porque lhe conhecem a voz". (Jo 10 : 3-4)

A voz do verdadeiro pastor transmite amor, graça, misericórdia, paz... e é isto o que as ovelhas necessitam.

CAPITULO IX

FUNÇÕES DO PASTOR

"O Senhor é o meu pastor; nada me faltará. Ele me faz repousar em pastos verdejantes. Leva-me para junto das águas de descanso; refrigera-me a alma. Guia-me pelas veredas da justiça por amor do seu nome. Ainda que eu ande pelo vale da sombra da morte, não temerei mal nenhum, porque tu estás comigo: a tua vara e o teu cajado me consolam.

Prepara-me uma mesa na presença dos meus adversários, unges-me a cabeça com óleo; o meu cálice transborda. Bondade e misericórdia certamente me seguirão todos os dias da minha vida; e habitarei na casa do Senhor para todo o sempre". (Sl 23).

1) Providencia alimento

"Ele me faz repousar em pastos verdejantes".

Pastor "preparando" para a sua grei uma comida sem "veneno", mas que seja nutritiva e equilibrada, assegurando uma dieta adequada à base da pregação e do ensino consecutivo e sistemático da Palavra de Deus.

2) Indica direção

"Guia-me pelas veredas da justiça por amor do seu nome".

A Igreja precisa ser acompanhada por um ministério pessoal e individual de conselho espiritual, frente à grande variedade de situações problemáticas que vem da vida de membros da igreja.

3) É companheiro

"Ainda que eu ande pelo vale da sombra da morte, não temerei mal algum, porque tu estás comigo".

Entre os membros das famílias da igreja, surgem com frequência situações de dor, temor, morte, doenças, desemprego; nesta hora, a presença consoladora e animadora do pastor se faz imprescindível.

"A ovelha solitária só pode ser atraída pelo amor, cuidado e a consideração".

4) Consola

"A tua vara e o teu cajado me consolam".

Relaciona-se com o tópico anterior nunca nos esquecendo que temos membros da igreja passando pelo "vale da sombra da morte".

5) Protege

"A tua vara e o teu acajado me consolam"

Sempre há um lobo esfomeado ao encalço da ovelha.

6) Disciplina

"A tua vara e o teu acajado me consolam".

O cajado pode ser usado para corrigir a ovelha, extraviada pelo pecado.

7) Providencia um lar

"Preparas-me uma mesa...habitarei na casa do Senhor por longos dias".

A ovelha sente-se amparada, com a proteção e segurança que o pastor oferece.

Uma ovelha contente, satisfeita, não sentirá vontade de conhecer lugares estranhos, vagando sempre à procura de algo diferente.

Ser o exemplo da pureza e da sã doutrina (Tt 2: 7-8).

Esforçar-se em orientar os crentes a permanecerem na graça divina (Hb 12:15 ; 13:17 ; I Pe 5:2)

A tarefa pastoral, é assim descrita em Atos 20:28.

Salvaguardar a verdade apostólica e o rebanho de Deus contra as falsas doutrinas e os falsos mestres que surgem dentro da igreja: *"Olhai pois por vós, e por todo o rebanho sobre que o Espírito Santo vos constituiu bispos para apascentardes a igreja de Deus, que ele resgatou com seu próprio sangue".*

É necessário, porém, que essa aspiração seja confirmada pela palavra de Deus: *"torna-te padrão dos fiéis na palavra, no procedimento, no amor, na fé, na pureza..." (I Tm 4: 12) e pela Igreja: "... Por esta causa te deixei em Creta, para que pusesses em ordem as coisas restantes, bem como, em cada cidade, constituístes presbiteros conforme te prescrevi..." (Tt 1 : 5-9).*

Por certo Paulo estava recordando o que ele já havia dito para o pastor Tito: "*...torna-te pessoalmente, padrão de boas obras. No ensino, mostra integridade, reverência, linguagem sadia e irrepreensível, para que o adversário seja envergonhado não tendo indignidade, nenhuma, que dizer a nosso respeito..." (Tt 2 : 7-8)...alguem que seja irrepreensivel, marido de uma só mulher, que tenha filhos, crentes, que não sejam acusados de dissolução, nem são insubordinados. Porque é indispensável que o bispo seja irrepreensivel como despenseiro de Deus, não arrogante, não irascível, não dado ao vinho, nem violento, nem cobiçoso de torpe, ganância, antes hospitaleiro, amigo do bem, sóbrio, justo, piedoso, que tenha domínio de si, apegado à palavra fiel que é segundo a doutrina, de modo que tenha poder, assim para exorar pelo reto ensino como para convencer os que contradizem". (Tt 1 : 6-9).*

Nós não temos o direito de reduzir os padrões estabelecidos pela palavra de Deus.

Eles estão plenamente em vigo e devem ser observados por amor ao nome de Deus e ao Seu Reino. Também, em honra e credibilidade da posição do ministro.

CAPITULO X

DEVERES DO PASTOR

"Prega a palavra, insta, quer seja oportuno, quer anão, corrige, repreende, exora com toda a longanimidade e doutrina" (2 Tm 4:2)

"E o que de mim, entre muitas testemunhas ouviste, confia a homens fiéis, que sejam idôneos, para também ensinarem a ouros" (2 Tm 2:2)

"Pastoreai o rebanho de Deus que há entre vós, não por obrigação, mas espontaneamente, como Deus quer; nem por sórdida ganancia, mas de boa vontade; nem como dominadores dos que vos foram confiados, antes tornando-vos modelos do rebanho" (I Pe 5 : 2-3)

1) Propagar a fé

Um dos principais deveres do pastor é alimentar espiritualmente as ovelhas, que são os membros da igreja, mediante o ensino da Palavra de Deus. Ele deve ter em mente, sempre que o rebanho lhe foi confiado e é a congregação de Deus. Ele a comprou para si com o sangue do seu filho amado.

Em Atos 20: 19-27, Paulo descreve de que maneira serviu como pastor na igreja de Éfeso: tomou patente toda a vontade de Deus, advertindo-os e ensinando-os fielmente, conforme lemos , também, em Atos 20 : 2-7.

Finalizando, ele exclamou: *"estou limpo do sangue de todos" (At 20:20)*

Como pastores, devemos instruir nossa igreja nos dias atuais, a respeito de todo o designo de Deus, através de Sua Palavra.

2) Consciente da tarefa

Os pastores têm a responsabilidade de salvaguardar a verdadeira e original doutrina bíblica que se acha somente nas Escrituras Sagradas e transmiti-la aos fiéis sem transigência nem corrupção.

A tarefa de ensinar é árdua, mas só os fiéis sairão vitoriosos. Não fica excluído o ensino prático: pregação, visitação, aconselhamento e administração.

3) Cuidar

Pastores são ministros que cuidam do rebanho com responsabilidade, tendo como Mestre e Modelo a Jesus, o Bom Pastor (Jo 10 : 11-16).

Um sacerdote foi designado para a Pastoral da Juventude, buscando melhor e maior aproximação dos jovens. Usou termos da gíria, participou de festinhas querendo integrar-se à "cultura juvenil". Resultado : uma delegação de jovens foi ao bispo dizendo: "Queremos um sacerdote que nos repasse o específico da igreja, fé e graça.

Para ser apenas mais um de nós, não nos interessa";

CAPITULO XI

OS ALVOS DO PASTOR

1 – **Estudioso**

Termo estudioso traz no bojo o conceito de diligência.

"Aplica-te à leitura, à exortação, ao ensino. Não te faças negligente ara o dom que há em ti...medita estas cousas, e nelas sê diligente, para que o teu progresso a todos seja manifesto". (I Tm 4: 13-15).

Começo afirmando que ser estudante e ser estudioso não é a mesma coisa. O substantivo "estudante" coloca o aluno subordinado à disciplina escolar. O adjetivo "estudioso" qualifica o indivíduo aplicado ao estudo, isto é, que gosta de estudar. Ora, os estudantes, via de regra, são pouco estudiosos; varões estudiosos há que nunca oram estudantes; e há homens que tendo sido maus estudantes, por causa dos embates da vida, se tornaram estudiosos.

O Pastor, tem a obrigação de ser estudioso. De acordo, com o Dicionário, o termo ou palavra "estudar" significa: aplicar a inteligência para aprender processo esse que inclui a leitura , meditação, análise, observação, memorização e também, exercício mental.

Devemos considerar o conselho de Paulo a seu filho na fé: "aplica-te a leitura". Em 2 Tm 3 : 15-17, lemos que Timóteo é louvado pelo seu conhecimento das Escrituras e exortado a que à ela se dedique, para se tornar homem de Deus, perfeito e perfeitamente instruído para toda boa obra.

John Wesley era conhecido como o homem de um livro só, a Bíblia. Porém, durante os seus dias em Oxford estabeleceu o seguinte programa:

- domingo = teologia
- 2a. e 3a. Feira = latim e grego
- 4a.feira = lógica e ética
- 5a.feira = hebraico e árabe
- 6a.feira = metafísica e filosofia naturalmente
- sábado = retórica e poesia.

Que currículo especial!

Dwiqlt L. Moody resumiu o paradoxo da vida cristã com o seguinte conselho: "ore como e tudo dependesse de Deus e trabalhe como se tudo dependesse de você.

Billy Graham disse, certa vez, que se pudesse voltar à estaca zero do seu ministério faria duas mudanças :

1) estudaria três vezes a mais do que o fizera;

2) dedicaria mais tempo a oração.

Além disso, ao enfatizar este assunto, deve ser ecoada deliberadamente a resolução apostólica: "mas nós perseveraremos na oração e no ministério da palavra" (At 6:4).

O pastor deve procurar instruir-se .

A força do verbo"instruir" nos indica cuidado e diligência. Transportando-nos ao Primeiro Século, colocamo-nos faze a face com o ancião Paulo, que faz numa gélida prisão, agilhoado, humilhado e sentenciado à morte (seu pecado foi o de pregar o Evangelho).

Paulo usou papiro, tinta e pena para escrever uma carta ao seu fiel amigo, seu filho na é, o jovem pastor Timóteo. Ao terminar a missiva fez um solene pedido.

O que pediria?

"Quando vieres, traze a capa que deixei em Troa, na casa de Carpo, e os livros, principalmente os pergaminhos" (II Tm 4:13).

Nós não sabemos o contendo desses pergaminhos e sobre quais assuntos eram os livros que Paulo pediu na carta que escreveu a Timóteo. O que vale, é a lição que fica.

Nós pastores, encerraremos os estudos quando o Senhor vier nos buscar a fim de nos introduzir no Lar Celestial, onde teremos o perfeito conhecimento do seu poder da sua graça e da sua glória.

O estudo da Palavra de Deus nos proporciona um entendimento especial, com sabedoria, experiência comparados aos idosos; sabemos que os mesmos são considerados experientes e sábios, pela vivência com todo tipo de problemas existentes n mundo.

Esta era a visão do salmista, ao expressar: *"sou mais entendido que os idosos, porque guardo os teus preceitos" (Sl 119:100).*

2 – Idealista

"Retenhamos firme a confissão da nossa esperança, sem vacilar, pois quem fez a promessa é fiel" (Hb. 10:23).

Aprendamos com o exemplo dado pela Rainha Ester: *"... e quem sabe se para tal tempo como este chegastes a este reino" (Et 4: 14B).*

Notemos que houve de sua parte, a nítida compreensão de que o momento de crise vivido pelo seu povo lhe ensejava a grande oportunidade de servir.

A situação que o nosso mundo atravessa em todos os sentidos, não deve jamais conduzir-nos ao pessimismo. Ao contrário, devemos ver na crise, uma oportunidade

Uma grande fábrica de calçados americana enviou dois representantes a um país africano, para observar as condições do povo e também estuda as possibilidades de mercado. Ali chegando, constataram que todos andavam descalços. Diane do fato, um dos vendedores, sentindo-se desanimado e pessimista, enviou um telegrama à fábrica com os seguintes dizeres: "Aqui ninguém usa calçados, cancelem o pedido!".O outro vendedor porém, mais inteligente, de maior visão, enviou também um telegrama com os seguintes dizeres: "Aqui há uma grande oportunidade: ninguém usa calçados; portanto, dobrem o pedido!".

Em nosso ministério, também há dois tipos de pastores: os pessimistas, desanimados e os idealistas.

Diante da escuridão espiritual que o mundo atravessa, devem existir pastores idealistas, homens de visão e coragem. Aliás, onde há mais escuridão, é que a nossa luz deve brilhar com maior intensidade.

3) Cumpridor da Missão

"Tu porém, sê sóbrio em todas as coisas, suporta as aflições, faze o trabalho de evangelista, cumpre cabalmente o teu ministério" (2Tm 4:5).

A palavra "cabalmente" significa: completamente, plenamente, inteiramente, perfeitamente.

A mensagem de Deus para cada um de nós neste tempo de crise encontra-se na parte final do versículo em 2 Timóteo 4:5 : "*cumpre bem o teu ministério".*

Infelizmente, forçoso é reconhecer que nem todos os pastores cumprem fielmente o ministério que receberam do Senhor.

CAPITULO XII

Ser PASTOR

Conforme o Pastor Irland Pereira de Azevedo, ser pastor é : "Estar inserido no plano de Deus para a redenção da humanidade. Deus não tem outro plano: nem enviar seus anjos, nem dispor de um imenso amplificador para que sua própria voz transmita com perfeição, e sem distorções, Sua palavra de redenção. Seu plano constitui no envio de homens.

Ser auxiliar de Cristo, a "remar" no barco de seu Reino, sob suas ordens; não é ser dono da igreja, nem definido de seu destino. É, sim, estar com Cristo, para assisti-lo. E é ser mordomo, administrador responsável dos mistérios de Deus, Evangelho que por séculos esteve oculto dos homens e que se manifestou em Cristo.

Ser arauto eficiente é aquele que diligentemente anuncia os decretos do Rei, é ser profeta e falar da parte ado Senhor; é ser sacerdote, - porque não? - a abraçar as aflições e as dores da humanidade e levá-las a presença do Sumo Sacerdote, Jesus Cristo.

Ser mestre, a retirar das despensas de Deus a palavra que instrui, informa, transforma e orienta para o tempo e a eternidade.

Ser conselheiro, pronto a ouvir, compreender e ajudar; tem a palavra oportuna e veraz a mediar o bálsamo divino para corações feridos.

Ser líder do povo de Deus, que aparece menos pela autoridade que reivindica, pelo domínio que pretende exercer, e mais, muito mais, pelo caráter, pela integridade, pelo exemplo (I Pe 5: 2 – 3).

Ser capaz de, no mesmo dia, sorrir e chorar, celebrar a vida e consolar na morte; é ter coração simples como de uma criança para perdoar, e forte como de um gigante, para a sucessão muitas vezes pavorosa, de experiências traumatizantes.

Viver no tempo, a edificar para a eternidade; é ser construtor de pontes, pelo mistério e ministério da palavra, entre o perdido e o Salvador do mundo; entre pessoas que se estranham e agridem-se; entre o sem sentido da história e o sentido que a palavra revelada apota; entre as trevas da ignorância espiritual e a luz do Evangelho da graça; é ser embaixador, a proclamar para os homens de todos os tempos. "Reconciliai-vos com Deus", por isso a ele foi entregue o ministério e nele foi posta a palavra da reconciliação.

Um paradoxo vivo: é ser afligido e estar sempre alegre; é ser pobre e enriquecer a muitos; é parecer nada possuir, e tudo possuir; é vida que se queima no altar de Deus, entendendo como ventura maior viver e servir.

O Pastor dá razão a Tagore quando afirma: "sonhei que a vida era alegria; acordei e descobri que viver é servir; e descobri que servir é alegria.

Participar de uma obra excelente, bela, que dura, que transcende os limites do espaço e do tempo, que glorifica a Deus; é, por isso, o mais belo dos ofícios, a mais gloriosa das missões, o mais compensador dos sacrifícios.

Requer, entretanto, para que seja experiência venturosa, que o homem de Deus viva no centro da vontade do Senhor e tenha a dedicação exclusiva do soldado, a disciplina rigorosa do atleta, a diligencia e a perseverança do lavrador, a aplicação diuturna do obreiro a dividir bem a palavra, a abrir caminhos retos para um andar seguro e firme do povo de Deus, sob seu cuidado e liderança".

CONCLUSÃO

Pois, Pastores que somos, devemos saber que:

1) EMPUNHANDO UMA LUZ: Devemos fazê-la brilhar! Embora possa parecer uma vela bruxuleante num mundo de trevas, a nossa missão é fazê-la brilhar.

2) TOCANDO UMA TROMBETA: No rumor da batalha, o som de nosso instrumento pode parecer que se perde, mas devemos continuar a dar o sinal de alarme àqueles que estão em perigo.

3) ESTAMOS A ACENDER UMA FOGUEIRA: Neste mundo frio, cheio de ódio e egoismo, o nosso pequeno borralho pode parecer inútil, mas devemos mantê-lo aceso.

4) ESTAMOS MARTELANDO: As pancadas podem parecer servir apenas para magoar as pessoas as nossas mãos enquanto martelamos, mas devemos persistir em martelar.

5) ESTAMOS ESGRIMINDO: O primeiro ou segundo golpe de nossa espada pode ser desviado, e todos os nossos esforços para ferir profundamente o inimigo, podem parecer baldados, mas devemos continuar a manejar a nossa espada – e a "Espada do Espirito".

6) TEMOS PÃO PARA O MUNDO FAMINTO: As pessoas podem parecer tão atarefadas, alimentando-se de outras coisas, que não aceitam o pão da vida, mas devemos continuar a dá-lo, a oferecê-lo às almas.

7) TEMOS AAGUA PARA OS SEDENTOS: Devemos perseverar de pé, abradando: "Vinde às águas, vós que tendes sede".

Devemos prosseguir. Jamais desistamos!

Continuemos a usar a Palavra.

Jesus disse que muito da tua semente encontrará bom terreno, nascendo e produzindo fruto. O fogo no ateu coração e nos lábios acenderá uma chama sagrada em alguns corações frios, ganhando-os para Cristo. O Martelo quebrará a dureza de alguns, tornando-os contritos e rendidos a Deus. A espada atravessará a armadura do pecado e cortará a auto-satisfação e o orgulho, abrindo os corações para receberem o Espírito do Senhor.

Alguns homens e mulheres famintos aceitarão o pão da vida e algumas almas sedentas encontrarão a água que vivifica.

Apesar de estarmos aquém do ideal, não obstante às inúmeras dificuldades para o empreendimento da nossa tão elevada missão como pastores, eis um conselho estimulador: avancemos, companheiros de jornada: Deus nos confiou a gloriosa tarefa de sermos seus arautos no tempo que se chama hoje. Somos falhos, há muitas oposições, formas maléficas não nos concedem tréguas nessa tirânica luta contra o pecado.

Mas urge avançar. É necessário que prossigamos sem esmorecimentos "**conosco esta o Senhor nosso Deus".**

O mundo perdido precisa de pastores comprometidos com Deus.

Não há tempo a perder, como Paulo, recebemos a ordem: "Fala e não te cales".

Prossigamos, valorosos, servos de Cisto, pois o Senhor que nos chamou adverte solenemente aos seus cooperadores: "*Eis que venho sem demora e o meu galardão trago comigo, para dar a cada um segundo o eu trabalho" (Ap. 22-12).*

(Billy Graham – Paz com Deus).

Pastor, Quem é este?

Sejamos pastores conforme a orientação da palavra de Deus: que apascentamos o rebanho sob nossa responsabilidade com sabedoria e entendimento.

"O Senhor nos abençoe e nos guarde, o Senhor afaça resplandecer o eu rosto sobe nós e tenha misericórdia de nós. O Senhor sobe nós levante o seu rosto e nos dê a paz (Nm 6: 24-26).

Com a benção e ajuda de Deus, sejamos pastores comprometidos com a nossa missão, como mordomos fiéis da Palavra Eterna. Amem!

INDISPENSÁVEL

Indispensável é tudo aquilo que é absolutamente necessário, obrigatório, ou essencial.

Através de sua Palavra Deus nos ensina que existem coisas indispensáveis que precisamos ouvir, aprender e colocar em prática para a nossa salvação.

Para que exista uma perfeita comunhão espiritual da nossa vida com Deus, é indispensável conhecer melhor a pessoa de Jesus Cristo.

1 – Sabendo que Deus nos Ama e Perdoa

"Mas Deus prova o seu próprio amor para conosco, pelo fato de ter Cristo morrido por nós, sendo nós ainda pecadores". (Rm 5:8).

2 – Estar atento ao Propósito de Cristo em nossa Vida:

"Vinde a mim todos vós que estais cansados e sobrecarregados e Eu vos aliviarei (Mt 11:28).

3 - Receber a Cristo como nosso Único e Suficiente Salvador

"Mas, a todos quantos o receberam, deu-lhes o poder de serem feitos filhos de Deus, a saber: aos que crêem no Seu nome, os quais não nasceram do sangue, nem da vontade da carne, nem da vontade do homem mas de Deus" (Jo I : 12-13)

4 - Descobrir que Sem Jesus Nada Podemos Fazer

"Eu sou a videira, vós os ramos. Quem permanece em mim, e Eu nele, essa dá muito fruto, porque sem mim nada podei fazer" (Jo 15:5).

5 - Aprender que Jesus é o Único Caminho que nos Leva para os Céus

"E não há salvação em nenhum outro, porque abaixo do céu não existe nenhum nome, dado entre os homens, pelo qual importa que sejamos salvos. (At. 4:12).

Apresento-lhes isto porque Jesus foi, é e será indispensável a minha e sua vida.

REFERÊNCIAS

A Bíblia na Linguagem de Hoje, 4a. Edição, Sociedade Bíblica do Brasil, Barueri/SP, 1988.

A Bíblia em português, 36ª edição, traduzida por João Ferreira de Almeida, Imprensa Bíblica brasileira, Rio de Janeiro, 1977.

A Bíblia Sagrada, Imprensa Batista Regular do Brasil (1983), São Paulo.

A Bíblia Viva (Paráfrase), Editora Mundo Cristão (1981), São Paulo

BONNET, Luiz & Alfredo Schoeber, **Comentário Del Nuevo Testamento,** Volume II, Casa Bautista de Publicaciones, Buenos Aires, 1971.

BROWN, Colin, **Dicionário Internacional de Teologia do Novo Testamento.** C. Editora Geral. 1 Volume II, 4ª edição, Sociedade Religiosa Edições Vida Nova, São Paulo, 1981.

CALVINO, Juan, **Instituicion de la Religion Cristiana.** Volume II, Editora Fundacion Editorial de Literatura Reformada, Países Bajos, 1967.

CARROL, B.H. **Una Interpretacion de la Bíblia,** 3ª edição, Ed. Casa Bautista de Piblicaciones, Buenos Aires, 1970.

CHAMPLIN, Russel Normal, **O Novo Testamento Interpretado versículo por versículo.** Volume I, II, III, IV, V, Editora A Voz Bíblica, Guaratinguetá, 1984.
Comentário Bíblico Broadman, Vol. VIII, IX, X, XI e XII, Editora juerp, Rio de Janeiro, 1985.

FERREIRA, Ebenézer Soares. **O Perfil do Pastor – Retrato de Corpo Inteiro.** Editora Âncora D'alma, Rio de Janeiro, 1996

HODGE, Charles, **Teologia Sistemática,** Volume II. Editora Clie, Santiago, 1991.

JAMIELSON, Roberto, A.R. Falsset & David Brown, Comentario **Exegético y Explicativo de La Bíblia.** Tomo II, Casa Bautista de Publicaciones, Buenos Aires, 1975.

KEMP, Jaime. **Pastores em Perigo.** Editora Sepal, São Paulo, 1996.

KEMP, Jaime. **Pastores Ainda em Perigo.** Editora Sepal, São Paulo, 1996.

KNIGHT, A.E. & W. Anglin, **História do Cristianismo,** 3ª edição, Casa Editora Evangélica, Terezópolis.

MONROE, Juan Antonio, **La Formacion Del Lider Cristiano**, Editora Clie, Santiago, 1992.

PIMENTA, Joaquim, **Enciclopédia de Cultura,** Livraria Freitas Bastos, Volume I – Rio de Janeiro.

SOUZA, Manoel Avelino, **O Pastor,** 2ª edição, Casa Publicadora Batista, Rio de Janeiro, 1956.

STOTT, John, **O Perfil do Pregador,** Editora Cepal, São Paulo, 1989.

C.C. 579 Olhando para Cristo

1. Ruge forte, contundente, guerra do pecado,
   Mas os seus clangores vis não podem me afligir,
   Sei em quem confio, pois na rocha estou firmado,
   E celestes bênçãos irei fruir.

   Olhando para Cristo, grande autor da salvação,
   Prossigo, pois avisto soberano falardão,
   De Deus ministro me revisto do poder do meu Senhor,
   Para servi-lo com todo ardor.

2. Vejo ao longe campos vastos, prontos pra colheita:
   Multidões sem luz, sem Deus, aguardam salvação!
   Vem ó Deus, desperta o amor da geração eleita,
   Para os teus obreiros concede unção

3. Desprezando deste mundo as sendas ardilosas,
   Volto ao meu olhar para a cruz de quem me resgatou;
   Dele tenho na alma, então, as bênçãos mui gloriosas
   E feliz com Cristo cantando vou.

Pr. João Filson Soren

– SP, vice-presidente da Convenção Batista do Estado de São Paulo, membro da Comissão de Ética da Ordem dos Pastores Batistas do Brasil – SP, membro da Junta Patrimonial da Convenção Batista Brasileira, conselheiro da JUBESP, e mentor de candidatos ao ministério pastoral. Recebeu diversos títulos honoríficos, entre outros os de "Cidadão Honorário" da Cidade de Alto Alegre – SP, "Cidadão Paulistano", de "Pastor-Emérito" da Igreja Batista em Vila Diva - São Paulo, e de "Pastor-Emérito" da Igreja Batista Nova Aliança em Vila Guilhermina – São Paulo. Escritor dos livros "Ato Consagratório Pastoral", "Sermões para Estudo", "Doutrina do Espírito Santo" e outros. Conferencista e Professor em diversos Seminários e Faculdades Teológicas no Brasil e no exterior. Casado com a Professora Lydia Korps M. Soler e pai de dois filhos: Hebert Korps M. Soler e Andréa Korps Calderon e dois netos: Matheus e Samuel.

ÍNDICE

MIX
Papier aus verantwortungsvollen Quellen
Paper from responsible sources
FSC® C105338

Printed by Books on Demand GmbH, Norderstedt / Germany